세계사가 출렁이는
여기는 항구

일러두기

1. 맞춤법과 띄어쓰기는 국립국어원의 〈표준국어대사전〉을 따랐습니다.
2. 중국 지명은 현지어 발음에 가깝게 표기했습니다.

세계사가 출렁이는 여기는 항구

조성은 글 | 윤정미 그림

책과함께 어린이

 **머리말**

항구에서는 역사가 찰랑이고 이야기가 넘실대

삐삐 롱스타킹의 아버지는 해적이셨어. 덕분에 삐삐는 해적선을 타고 브라질에도 가고 아프리카에도 갔지. 해적 일은 위험하잖아. 근무 중에 목숨을 잃을 수 있고, 팔이나 다리가 없어질 수 있으며, 눈알 하나쯤 잃을 수 있는 위험천만한 직업이지. 그래서 삐삐 아버지는 하늘나라에 계시잖아. 다행히 목숨은 건졌지만 외나무다리를 갖게 된 〈보물섬〉의 해적, 존 실버도 있어.

바다를 배경으로 펼쳐지는 이야기에서 해적은 정말 근사해. 고래가 날고 보물이 쏟아지는 바다 한가운데로 우리를 안내할 것 같은 사람들이지. 이 책에는 1700년대에 바다를 누빈 진짜 해적들이 나와. 이들이 탄 해적선에는 설탕이 실려 있었대. 카리브 해를 무대로 삼은 설탕과 해적의 대모험이 이 책 4장에서 펼쳐져.

쉴 새 없이 바닷물이 들락거리는 항구에서는 어제도 오늘도 무슨 일이 일어나고 있어. 항구는 아주 옛날부터 바다를 건너온 사람들이 만나고 헤어지고 하나 되었던 곳이었어. 항구에 쌓인 시간을 들추면 그곳을 오간 사람과 물건들을 만날 수 있는데, 이들은 역사를 만든 주인공이지. 이 책은 항구의 시간을 온몸에 새긴 이야기꾼이 들려주는 세계사 이야기야.

우리는 문명이 시작된 땅 서아시아 항구에서, 아메리카 항구까지 둘러볼 거야. 수천 년 전 지중해를 하나로 묶은 서아시아 비블로스 항구를 출발해서 아프리카에 만들어진 헬레니즘 항구 알렉산드리아를 지나면, 이슬람을 만난 유럽의 항구 아말피에 도착하지. 카리브 해 킹스턴 항구와 아시아 홍콩 항구에서는 지금 세상을 만든 희극 같고 비극 같기도 한 이야기가 펼쳐져. 이렇게 지구 한 바퀴를 돌아 미국 시애틀 항구에 도착하면, 꿈을 이루기 위해 모험을 시작한 사람들의 이야기를 들을 수 있어.

지구에 있는 수많은 항구 중에서 딱 여섯 곳을 골랐어. 세계사 중요한 장면에 등장하는 여섯 항구이고, 흥미로운 이야기꾼이 사는 여섯 항구지. 항구에 가면 세계사가 찰랑이고 이야기가 넘실댄다는데, 같이 갈래?

조성은

우리가 가 볼 세계 항구

이탈리아
아말피 항구

레바논
비블로스 항구

이집트
알렉산드리아 항구

중국
홍콩 항구

유럽 지중해 아시아
아프리카
대서양
인도양
오세아니아

1. 3000년 된 고양이가 들려주는 비블로스 항구 이야기 …… 8

2. 2300년 된 도서관이 들려주는 알렉산드리아 항구 이야기 …… 38

3. 1000년 된 종이가 들려주는 아말피 항구 이야기 …… 64

4. 400년 된 설탕이 들려주는 킹스턴 항구 이야기 …… 90

5. 150년 된 은행이 들려주는 홍콩 항구 이야기 …… 116

6. 100년 된 금덩이가 들려주는 시애틀 항구 이야기 …… 148

3000년 된 고양이가 들려주는
비블로스 항구 이야기

레바논에 있는 비블로스 항구야.
이름부터 낯설겠지만 항구의 역사가 무려 7000년.

　비블로스는 처음이지? 나를 보자마자 쩍 벌어지는 눈과 입과 콧구멍을 보고 알았지. 고양이 항구 비블로스에서 고양이를 보고 놀라는 인간은 드물거든. 초보 여행자 아니면 이방인이지. 괜찮아, 괜찮아. 고양이는 약한 인간을 공격하지 않아. 어딘가 모르게 부족한 생명체가 인간이라는 걸 충분히 알고 있거든.

　친구가 눈에 힘을 뺀다면 비블로스가 훨씬 즐거울 텐데, 어때? 그래, 긴장을 푸니까 좋잖아. 여기도 사람 사는 땅이거든. 눈과 이빨에 힘을 빼고 둘러보면 친구랑 꼭 닮은 인간을 찾을 수 있어. 비블로스에 온 뒤 이야기를 나눈 생명체는 나, 말을 하는 고양이가 유일하지만 기다려 봐, 인간 많아. 사실 인간의 도시 하면 비블로스거든. 아주아주 먼 옛날, 7000년 전쯤에 인간이 만든 도시가 비블로스니까. 그래서 항구 어디를 가도 인간 냄새가 짙게 배어 있지.

 어라, 못 믿겠다는 표정이로군. 도시 이름이 낯설어서 그러니? 비블로스 항구가 레바논에 있는 건 아니? 북쪽은 시리아, 남쪽은 이스라엘과 맞닿아 있는 나라 레바논. 주변을 좀 더 살피면, 시리아 동쪽에 이라크가 있고 이스라엘 남쪽에는 이집트가 있어. 나라 이름을 이 정도 말하면 인간들은 다들 고개를 끄덕이더라. '최초의 문명이 시작된 곳이다.' 그러면서.

 인간들이 본다는 역사책 맨 앞에 이 지역 이야기가 나온다는데 혹시 봤니? 레바논과 이웃 나라들이 있는 땅을 '비옥한 초승달 지대'라고 부른다

잖아. 이 땅을 연결하면 막 떠오르는 초승달 모양이라서 그렇다지. 여기에서는 농작물이 쑥쑥 자랐다잖아. 덕분에 이 땅 사람들은 배고프지 않았고, 일찍부터 문명을 일구며 세련된 삶을 살았다지.

그래서 말인데, 찬란한 역사를 품은 항구 비블로스에 온 걸 환영해. 한 걸음에 몇 천 년을 넘나드는 재미랄까, 두어 걸음에 다른 세상의 흔적을 찾는 재미가 비블로스에 있으니까. 친구 앞에는 신나는 시간이 펼쳐져 있어. 못 믿겠지만 나는 비블로스에서만 3000년을 살았거든. 때때로 지루하고 심심해. 그래서 낯선 여행자를 발견할 때마다 말을 붙여. 나랑 놀자!

이집트에서 온 여신 고양이

지금 네 앞에 펼쳐진 바다가 지중해야. 비블로스 항구가 아담하고 오밀조밀해서 이 바다가 지중해라는 느낌 안 들지? 배를 타고 조금만 나가면 바다와 하늘만 눈에 들어오는 풍경이 펼쳐지는데 요새 비블로스에는 지중해를 건너는 배가 안 떠. 그래서 좀 아쉬워.

물고기 맛이 아쉬운 건 아니고, 복작거리는 항구가 가끔 그립다는 말이야. 내가 비블로스에 도착했을 때만 해도 참 볼거리 많은 항구였거든. 먼 바다로 나가려고 배를 타는 사람, 바다 건너 낯선 땅 냄새를 풍기며 배에서 쏟아지는 사람과 물건을 구경하는 재미가 있었지.

맞아, 지금은 고깃배뿐이야. 지중해를 건너 유럽이나 아프리카에 가려는 사람은 이제 비블로스 항구에 없어. 가까운 바다에서 물고기를 잡으려는 배들만 항구를 드나들지. 팔팔 뛰는 물고기를 날마다 봐서 좋겠다고? 그건 아니야. 싱싱한 물고기를 만나는 재미도 하루 이틀이면 끝이거든. 어제도 물고기, 내일도 물고기면, 바다는 바다요, 물고기는 물고기로다, 이런 깨달음을 얻게 된단다.

비블로스에 오기 전에 나는 이집트에 있었어. 너른 나일 강변을 따라 키 큰 풀이 우거지고, 곳곳에 고양이, 족제비, 수달 같은 야생 동물이 사는 땅

이집트 왕의 무덤인 피라미드와
이를 지키는 스핑크스 석상

이집트. 이집트 하면 피라미드 아니냐고? 하긴 인간은 피라미드와 스핑크스가 이집트를 대표한다고 말하더라. 어쨌든 거기, 돌로 만든 엄청 큰 건축물이 우뚝한 땅 이집트가 내 고향이야.

사는 것처럼 살았지. 풀밭을 휘저으며 사냥하고, 따뜻한 볕을 받으며 잠자는 평화로운 나날들. 악어가 덮치지 않는다면 동물들에게는 천국 같은 땅이었지. 그런데 어느 날 갑자기 이집트 고양이의 운명을 바꾸는 방문이 있었어.

인간이었대. 고양이 전설에 따르면, 강변에서 쉬고 있는 우두머리 고양이님에게 인간이 찾아왔다지. '쥐가 식량을 훔쳐 가서 힘들다. 인간의 곡물 창고를 지켜 달라.' 이렇게 울먹였다지. 지혜로운 고양이들은 나약한 인간을 가엾게 여겨 부탁을 들어주기로 했대.

그리하여 고양이가 인간의 곳간을 지키는 우정의 시절이 열렸어. 알맞게 넘치는 나일 강 덕분에 농사는 해마다 풍년이어서 콩, 밀, 보리 같은 곡물이 이집트 사람들의 창고에 가득했거든. 우리 고양이가 인간의 창고 둘레에서 어슬렁거리자 곡물을 습격하던 쥐떼는 흔적을 감추었고 인간 세상에는 평화가 찾아왔지.

먹는 문제를 해결한 인간은 화려한 문화를 일구기 시작하여 결국 지구 최고의 인간 세상을 나일 강 지역에 꾸렸는데 인간들은 이걸 이집트 문명이라고 부르더군. 중요한 건 이게 아니고, 곡물 창고를 지켜 식량 문제를 해결해 준 고양이를 인간이 숭배했다는 사실이야. 책임감과 의리는 물론 실력까지 갖춘 고양이를 우러러보더니 급기야는 고양이를 여신으로 받들기 시작했지. 숲을 평화롭게 유지하거나 성난 파도를 잠재우는 것 같은 신비한 능력을 발휘해서 인간에게 존경받는 여신 말이야.

우리 고양이는 인간의 먹을거리를 지키는 여신이 되었어. 여신이 된 기분? 처음에는 황홀했지만 놀라운 일이 계속 일어나니까 당황스러웠지. 어느 날 갑자기 고양이 동상을 만든 다음 그 앞에서 절을 하는 거야. 누구긴 누구야, 인간이지. 정말 부끄러웠고 사냥하다가 고양이 동상을 만나기라도 하면 공중제비를 돌 만큼 놀랐어.

그런데 말이야, 공손하게 허리를 숙인 인간을 가만히 내려다보니까, 얼마나 고마우면 저러겠나 싶더라고. 함께 살던 고양이가 죽으면 눈썹을 모두 깎고 슬퍼하는 이집트 사람들을 보니까 고양이를 얼마나 사랑하고 존경하면 저러겠나 싶었지. 그래서 더 열심히 쥐 사냥을 했고 인간을 지켜주었어. 그게 함정이었지 뭐야. 인간을 불쌍하게 여기는 마음이 어느새 고양이 안에 덜컥 들어앉았고, 결국 인간 곁을 떠날 수 없게 된 거야.

페니키아의 비블로스 항구

　다들 우러러보았다니 부럽다고? 아니, 오히려 부담스럽기만 했어. 우리 앞에서 머리를 조아리는 인간이 많으니까 고양이의 능력을 끊임없이 보여 줘야 하고, 언제나 우아하고 멋진 모습을 유지해야 하잖아. 인간은 고마운 마음에 그랬겠지만 나를 비롯한 고양이들은 졸졸 따라다니는 인간이 귀찮았어. 고양이의 사생활이 없어지는 것도 싫었지. 하루하루가 답답하던 때에 그날이 왔어. 내가 이집트를 떠나 비블로스에 도착한 그날.

　어제랑 똑같은 아침이었어. 지중해는 고요했고 창고 곡식들도 모두 제자리였지. 밤새 쥐와 실랑이를 벌인 다음 찾아온 평화로운 아침, 창고 틈새로 들어오는 볕을 따라 몸을 길게 늘이고 막 눈을 붙이려는 참이었어. 코털 끝에 쥐의 움직임이 전해진 건 그때였지. 직업 정신이 투철한 나는, 피곤하고 졸린 몸을 이끌고 쥐 소리가 나는 곳으로 살금살금 다가갔어. 그런데 이놈은 놀라지도 않고 도망가지도 않아. 좀 특별한 놈이었던 거야. 내 특기인 앞발 펀치가 날아올 것을 이미 예상했다는 듯이 몸을 뒤로 빼면서 왼쪽으로 피했고 밀 더미 속으로 유유히 사라졌어. 보통내기가 아니라는 느낌을 받은 나는 등과 꼬리, 앞발과 코털에 힘을 팍 준 다음 사방을 주시했어.

　놈을 쫓는 추격전은 해질 무렵까지 이어졌고 항구를 구석구석 누비던 놈과 나는 어느덧 배에 올랐지. 어둑해진 다음 사방에 펼쳐진 바다를 보고 서야 내가 배 위에 있다는 걸 알았어. 그리고 추격을 멈추었지. 멍했어. 나는 모두가 우러러보는 이집트의 여신이다, 그런데 어디로 가고 있나, 이 말만 머릿속에서 맴을 돌았어. 이런 상태로 자다 졸다 깨다를 반복하는 사이에 비블로스 항구에 도착한 거야.

낯설었고 긴장되었어. 비블로스에는 익숙한 생명체가 없었거든. 몸에 점박이 무늬가 있고 귀가 쫑긋하고 눈이 초록빛인 날 닮은 고양이도 없었고, 미끈하고 난폭한 수달도 없었지. 항구 구석구석을 탐색했지만 고양이 닮은 털 뭉치 하나 발견하지 못한 나는 여신의 용기 따위는 지중해에 버리고 온 고양이마냥 두려웠어. 항구를 드나드는 배들이 없었다면 아마 그 시절을 견디지 못했을 거야.

배가 항구를 떠나는 모습을 보면 잠시나마 두려움을 잊을 수 있었지. 굉장했거든. 거대한 나무와 둘둘 말린 옷감이 배 가득 실리는 광경은 정말 멋졌어. 나는 인간의 손과 힘에 감탄했지. 뱃사람들은 돛을 올리고 노를 저으면서 출항했는데 먼 바다를 향하는 눈길만 봐도 이들은 프로였어. 바다로 나갔다 몇 달 후에 돌아오는 배에는 이집트 콩과 파피루스 풀 같은 익숙한 물건이 가득했고 낯익은 냄새가 실려 있었지. 두 눈을 부비면서 꿈이 아닌

병아리 부리를 닮아 '병아리 콩'으로도 불리는 이집트 콩

가 의심했지만 모두 이집트에서 온 것이 분명했어. 냄새도 물건도 모두 이집트 항구에서 비블로스 항구로 온 것이었지.

항구를 오가며 보고 들은 이야기를 종합한 결과 이곳은 페니키아였어. 처음엔 식량 이름일까, 배 이름일까, 생명체 이름일까 여러 상상을 했는데 페니키아는 나라 이름이더군. 비블로스는 페니키아라는 나라의 항구였던 거야.

내가 있는 곳을 확인한 다음, 나는 어깨를 쫙 펴고 친구 찾기를 이어 갔어. 어느 날 밤, 항구를 등지고 멀리 보이는 하얀 산 쪽으로 걸었어. 족제비라도 괜찮다, 악어면 어때, 이런 마음으로 당당하게 걷는데 내 앞에 번뜩이는 눈빛이 나타나지 뭐야. 그래, 고양이였어. 이 땅에서 오랫동안 살아온 비블로스 고양이.

짐작대로 그 다음은 쉽지 않았어. 낯선 떠돌이에게 공간을 허락하는 고양이의 의식이 있거든. 결론만 말하면, 나는 용감하게 의식을 통과했고 비블로스의 고양이가 되었어. 비블로스에서 새로운 3000년이 그날 시작되었지. 이야기는 여기까지. 인간이 너무 많이 알면 위험할 수 있거든.

항구 친구들과 흉허물 없는 사이가 된 다음에도 나는 자유로운 고양이로 남았어. 지중해 세상에서 나는 온갖 물건들이 거쳐 가는 비블로스 항구에서 지중해 전문가로 사는 길을 선택했다고 할 수 있어. 또 갸우뚱거리는 걸 보니 내 말을 못 믿는군. 3000년 전 지중해 풍경을 이야기하면 믿으려나?

지중해를 연결한 페니키아 상인

페니키아 항구 비블로스에는 어제도 오늘도 배가 떴어. 지중해를 건너는 커다란 배마다 물건이 가득했지. 항구를 떠나는 배만큼 항해를 마치고 돌아오는 배도 많았어. 그래, 페니키아 사람들은 지중해를 앞마당처럼 생각한 거야. 맞아, 페니키아 사람들은 지중해가 적시는 여러 나라와 무역을 하는 프로 장사꾼이자 전문 뱃사람이었어. 이집트 왕국은 페니키아의 중요한 무역 상대국이었고. 그래서 내가 이집트에서 이곳까지 오게 된 거야. 덕분에 이집트 여신 고양이가 페니키아 항구에서 지중해 전문가가 되었다는 결론.

전문가가 된 과정 말이지? 쉬운 일은 아니었지만 어렵지도 않았어. 어떤 일에 전문가가 되려면 구석구석 시시콜콜 알아야 하는데 내가 좀 사소한 일에 몰두하는 편이거든. 해가 어디쯤 떠 있을 때 쥐가 밥을 먹으러 나오는지, 배에 타는 인간은 어떤 색깔 옷을 입었는지 꼼꼼하게 살폈지.

늘 조심스러운 나는 낯선 생명체와 물건에 함부로 손대거나 마음을 안 주는 거 알지? 호기심 반 두려움 반, 반반의 마음을 품고 털을 쭈뼛 세운 채로 비블로스 항구를 탐색했어. 아직도 기억나는 건 페니키아야. 항구 사람들이 부드럽고 조심스런 손길로 다룬 물건, 페니키아.

얇고 긴 끈으로 돌돌 말아 놓은 천이었는데 빛깔이 묘했어. 돌돌 말았을 때는 검정이었는데 풀면 붉은색이야. 이 물건은 비블로스에서 떠나는 모든 배에 실려서 지중해가 적시는 거의 모든 나라에 도착했어. 그리스 사람들은 이 물건을 페니키아라고 불렀어. 그리스 말로 '붉은 천'이라는 뜻인데, 3000년 전 지중해 사람들을 사로잡은 최고 인기 상품이었지. 이집트 왕족을 비롯해서 당시 내로라하는 멋쟁이들이 붉은색 천을 몸에 둘렀다는 말씀.

얼마나 인기 있었으면 물건 이름이 나라 이름이 되었겠어. 페니키아를 만드는 나라니까 페니키아라고 부르자, 이렇게 된 거야. 뭐라고? 피자를 만들어 먹는 나라는 피자라 부르겠다고?

먹을거리 얘기가 나와서 말인데, 나는 배가 고프면 모든 생각을 멈추었어. 비블로스 고양이에게 가장 중요한 시간을 누려야 했기 때문이지. 바로 식사 시간.

비블로스 항구에는 창고가 많았거든. 이집트에서 싣고 온 밀과 콩과 보리, 그리고 파피루스를 보관하는 창고도 있었어. 배에 싣고 나갈 거대한 나무와 옷감, 장신구와 은을 보관하는 창고도 있었지. 지중해 세상의 모든 물건이 비블로스 항구에 모였다고 할 수 있어. 특히 곡물 창고가 많았지. 설마, 고양이가 밀과 보리를 먹고 옷감을 갉아 먹는다고 생각하는 건 아니지? 큰일 날 소리! 나와 내 친구 고양이들은 창고 곡식 더미를 노리는 쥐를 사냥했어.

혹시 오해할까 봐 말하는데, 사냥은 인간을 위한 일이 아니었어. 고양이에게 필요한 영양소를 섭취하기 위한 노동이었지. 지금 생각해도 침이 고여. 먹고 또 먹어도 쥐가 바글바글한 시절이어서 식사 시간은 날마다 배부르고 행복했거든.

항구는 또, 고양이들의 놀이터였어. 배에 실린 거대한 나무에 올라 먼 바다를 보는 것도 괜찮은 놀이였고, 붉은 옷감 창고에서 벌이는 숨바꼭질도 재미났지. 먹는 것부터 노는 것까지 고양이에게 필요한 모든 걸 해결할 수 있는 만능 공간이 비블로스 항구였다고 할 수 있어. 지금은 고깃배 몇 척이 드나드는 한적한 항구라서 내가 말하는 항구 모습을 상상하기 힘들겠지만, 그땐 정말 굉장했다고.

비블로스 항구가 백화점 같았냐는 말이지? 백화점만큼이나 다양한 물건이 있는 항구였지만 모든 물건이 페니키아 사람들에게 팔린 건 아니었어. 어떤 물건은 항구에서 머물다 이집트가 있는 북아프리카로 갔고, 어떤 물건은 유럽 시칠리아 섬으로 갔거든. 페니키아 상인들이 지중해 세계에서 물건과 사람을 거미줄처럼 연결했던 시절 이야기야.

알파벳의 조상 페니키아 문자

잠시도 쉬지 않고 바다로 나가는 페니키아 사람을 보면 조마조마했어. 부둣가 고양이의 마음은 바다로 나간 자식을 걱정하는 부모 마음 같았다고 할 수 있지. 지중해를 향해 꾸벅꾸벅 조는 고양이로 보였겠지만 사실 나는 간절한 마음을 모아 인간을 위해 기도할 때가 많았어. 이집트에서 인간을 보살피던 여신이었으니까.

인간은 불안하잖아. 창고에서 가져온 물건을 제값 받고 파는지, 필요한 물건을 정확하게 사는지, 바다에서 길을 잘 찾고 있는지, 카르타고에 전할 물건을 이집트 상인에게 팔지 않는지……. 걱정이 꼬리를 물고 이어졌어. 기억력, 인지 능력과 계산 능력이 모두 부족해 보이니까 인간을 위해서 뭘 먼저 해야 하는지 모르겠더라고. 그러던 어느 날이었어. 인간을 걱정하는 고양이의 마음이 전해졌는지 인간 스스로 살길을 찾았지.

무언가를 적는 거야. 파피루스 판에 갈대 펜으로 꾹꾹 눌러 적는 페니키아 상인들을 보는데 웃음이 절로 나오더군. 필기 내용이 뭐냐고? 뭘 적느냐보다 적는 일을 시작했다는 데 의미가 있잖아? 나는 흐뭇한 마음으로 필기하는 인간을 바라보았어.

페니키아 문자 창제. 맞아, 대단한 일이지. 물론 이게 처음은 아니야. 비블로스 이웃인 메소포타미아 지역 사람들도 점토판에 뾰족한 물건으로 문자를 새겼고, 나를 여신으로 모신 이집트 사람들도 오래전부터 그림 같은

메소포타미아 쐐기 문자

위에 있는 쐐기 문자는 인류 최초의 법전으로 전해지는 함무라비 법전의 일부분이야.

이집트 상형 문자

비블로스와 파피루스

비블로스라는 이름은 파피루스에서 비롯되었어. 파피루스는 이집트 나일 강가에서 자라는 얇고 길쭉한 풀이야. 껍질을 벗긴 파피루스 줄기를 가로세로로 엮은 다음 조개나 상아로 열심히 문지르면 판판하고 부드러운 판이 만들어져. 글씨를 쓰거나 그림을 그릴 수 있는 종이처럼 되는 거야.

파피루스로 만든 판도 파피루스라고 부르는데, 이 물건은 이집트에서만 만들었어. 페니키아 상인들은 이집트에서 사 온 파피루스를 배에 싣고 지중해 여러 나라에 팔았지. 이를 산 그리스 사람들은 '비블로스'라고 부르며, 파피루스 두루마리에 긴 글을 적었대. 비블로스는 그리스 말로 '책'이라는 뜻이야. 그래서 파피루스가 출발한 항구 이름도 '비블로스'가 되었어.

문자를 만들어 썼잖아. 필기 이야기가 나와서 말인데, 인간은 타고난 약점 덕분에 엄청나게 노력해서 무언가를 만들어내는 생명체라고 정의할 수 있겠어.

페니키아 문자는 눈 깜짝할 사이에 지중해 세상에 전해졌어. 바다 구석구석을 누비는 페니키아 상인 덕분에 말이야. 페니키아 문자는 그리스에도 전해졌어. 그리스 사람들은 페니키아 문자에 무언가를 보태고, 모양을 살짝 바꾸어서 새로운 문자를 완성했어. A, B, C, 이렇게 시작하는 알파벳을 만든 거야. 영어뿐 아니라 오늘날 유럽에서 사용하는 문자 대부분은 페니키아 문자에 뿌리를 두고 있어.

문자를 만든 인간이 고양이보다 뛰어나다, 혹시 그런 그릇된 생각을 하

22개로 이루어진 페니키아 문자

는 거니? 페니키아 문자 이야기를 들려주면 꼭 이상한 생각을 하는 인간이 있어서 묻는 거야. 수십 킬로미터 떨어진 곳에서 피어나는 냄새를 맡을 수 있어 길 잃을 염려가 없고, 털끝 한번 스친 동물은 코털에 새겨 영원히 기억하는 존재가 고양이니까 문자 따윈 필요 없거든. 조금만 생각해도 뻔하잖아. 인간보다 장엄한 코끼리와 인간보다 용감한 치타는 문자를 쓰지 않아. 물론 비블로스 고양이도 문자에 기대지 않지.

오직 페니키아에서만 자라는 나무

지중해 동쪽 끝에서 서쪽 끝까지 항해하고 돌아온 인간의 이야기를 들으며 나는 생각했어. 내가 모르는 일이 많구나, 고양이는 지구의 전부가 아니구나 하는 생각이 솟아났지. 겸손이었어. 광활한 우주에서 한 점 지구를 느끼고, 수많은 생명체 가운데 하나인 고양이를 확인하는 일, 겸손.

 3000년 전쯤에 페니키아 상인을 통해서 간접 경험한 세상이 어마어마했기 때문에 나는 온몸에 겸손을 묻히게 된 거야.
 그 시절에 내 견문이 얼마나 깊었냐면, 부둣가에 앉아서 이집트 왕인 파라오가 타는 배를 상상할 정도였어. 파라오가 죽어 저세상으로 갈 때 탄다는 '태양의 배'야. 이집트 사람들은 이 배를 파라오와 함께 피라미드에 묻었다지.
 태양의 배는 백향목으로 만들었어. 키가 40미터쯤이고 사람 서넛이 손을 잡아야 겨우 두를 수 있는 웅장한 백향목은 3000년 전쯤에 배를 만드는 최고의 재료였어. 백향목은 오직 페니키아에서만 자랐어. 그래서 부족

한 게 없는 이집트에서도 이 나무만큼은 페니키아에서 수입해야 했어.

어느 날, 비블로스 항구에서 낮잠을 자다가 이런 말도 들었어. 신전에도 백향목이고 궁전에도 백향목이라는 거야. 크고 튼튼한데다 벌레한테도 강하니까 제대로 된 건물을 지으려면 백향목 기둥을 세워야 한다는 말이었지. 배를 타고 비블로스를 떠난 백향목은 카르타고와 예루살렘에 도착해서 듬직한 기둥이 되었다는 이야기야.

저기 꼭대기 하얀 산, 바로 저 레바논 산에서 백향목을 뚝뚝 베어 항구로 옮긴 다음 배에 실었어. 3000년 전에도 그랬듯, 지금도 저 산에서만 백향목이 자라. 지구에서 딱 한 곳, 저기 레바논 산에만 뿌리를 내린 나무가 백향목이지.

백향목이 그려진 레바논 지폐와 비행기

3000년 전에 페니키아 항구였던 비블로스는 지금 레바논 항구이고 이름은 주바일이야. 응, 레바논 사람들은 우리가 있는 여기를 주바일이라고 불러. 페니키아가 레바논이 되는 시간 사이에는 열 개가 넘는 나라가 있었지만 페니키아와 레바논의 특산물과 자랑거리는 같아. 이 땅에서만 자라는 특별한 나무 백향목은 3000년 넘게 이 땅 사람들의 자부심이 되고 있지. 이 나무를 자랑스럽게 생각하는 레바논 사람들은 레바논 국기와 지폐에도 백향목을 넣었고, 심지어 비행기 꼬리에도 백향목을 그렸어. 비블로스 사람들이 하얀 산에서 늠름하게 자라는 이 나무를 얼마나 사랑하고 아끼는지 알겠지?

지중해를 통째로 품은 항구

비블로스에서 석 달이면 지중해 생활 줄줄 꿴다, 이런 말이 있어. 처음 듣는다고? 이게 고양이들 사이에 전하는 속담이니까 인간이 알기는 힘들겠다. 비블로스 항구를 드나드는 물건을 보면 지중해 사람들이 요즘 무엇에 빠져 있고, 무얼 먹고 입고 사는지 알 수 있다는 말이야. 예를 들면 이런 식이지.

　붉은 천을 가득 실은 배가 몇 달 동안 드나들면 이집트와 예루살렘과 시칠리아 여인들은 붉은 옷을 입는다고 짐작할 수 있었어. 이집트에서 가져온 콩이 비블로스 항구에서 지중해 곳곳으로 실려 가면 지중해 사람들의 일용할 양식이 이집트 콩이라는 걸 알 수 있고. 이집트에서 가져온 파피루스 풀이 쉴 새 없이 배에 실리는 장면을 보면 인간은 필기와 기록의 제왕임을 확인할 수 있었지. 지중해 세상의 유행을 만들고 퍼트리는 항구가 비블로스였다는 말이야.

　항구에는 인간에게 필요한 모든 것이 도착했는데 그중에는 상상하기 힘든 것도 있었어. 그렇게만 알아 둬. 자세한 이야기는 할 수 없어. 왜냐고? 하기 싫어. 나와 놀지 않겠다고 협박을 해도 그 얘기는 하기 싫어. 이집트에 사는 내 친구들이 사냥을 당해서 비블로스 항구에 도착한 일을 내 입으로 어떻게 얘기하니? 취미가 장사이고 특기도 장사인 페니키아 사람들이 고양이라는 신상품을 지중해 이곳저곳에 판 이야기를 어떻게 하니?

　맞아, 그건 고양이의 영혼을 짓밟는 일이었어. 인간이 고양이를 위로하다니, 별일이지만 고마워. 그런데 말이지, 고양이가 팔려 나간 이유는 인간이 고양이를 원했기 때문이야. 쥐를 사냥하여 인간의 식량을 지켜주는 것도 고마운데 인간에게 상냥하기까지 하니까, 모두들 고양이를 사랑한 것이지. 비블로스에 도착한 이집트 고양이들은 페니키아 상인과 함께 세상 곳곳으로 갔어.

친구들이 왔다가 떠난 뒤, 비블로스는 다시 지중해의 대형 창고가 되었지만 평화는 얼마 가지 못했어. 전쟁이라고 하더군. 낯선 인간들이 무기를 들고 비블로스 항구를 돌아다니는 거야. 나는 환경 변화에 민감한 고양이라서 낯선 풍경이 펼쳐지면 가만히 앉아서 꼼꼼히 탐색하지. 그때도 식빵처럼 몸을 웅크린 채 모든 감각을 낯선 인간과 낯선 무기에 집중했어. 다시 말하지만, 두려워서가 아니라 신중한 성격 때문이었지.

페니키아는 페르시아 제국이 되었다가 그리스에 정복되었어. 그 다음은? 고개를 조금만 돌리면 무엇이 비블로스를 휩쓸었는지 보이니까 말하지 않을게. 그래, 저기 로마 사람들이 만든 원형 극장도 있어.

비블로스 항구에 남은 고대 로마 제국의 원형 극장

어느 날, 지중해 냄새를 맡으며 무너진 로마 극장에 앉아 꾸벅꾸벅 졸다가 문득 이런 생각이 드는 거야. 비블로스가 참 좋은 자리여서 사람들이 여기에 왔구나, 하는 생각. 코앞에 있는 지중해로 나가면 아프리카로 가기 좋고, 유럽으로도 가기 좋은 아시아 땅에 비블로스가 있잖아. 모든 것이 가능해 보이는 땅이잖아. 그래서 비블로스에만 오면 다들 욕심을 부리는 게 아닐까 생각했어.

내가 사색을 즐기는 고양이냐고? 아니, 나는 생각이 많은 고양이가 아닌데 비블로스에서는 그렇게 돼. 인간이 만든 거의 모든 물건과 기술이 비블로스를 거쳐 갔잖아. 항구에 앉아 있으면 시간이 휙휙 움직이고, 시간이 땅에 새긴 흔적이 쑤욱 올라오니까 저절로 생각이 많아져. 특히 인간이라는 동물에 대해 많이 생각하지.

요새 어떠냐고? 세상 모든 문물이 모였던 3000년 전이 가끔 그리워. 그런데 아무 일 없이 고요한 오늘도 괜찮아. 페니키아가 있던 레바논 땅에 가끔 폭탄이 떨어져서 깜짝깜짝 놀라고, 시리아에서 들려오는 총 소리와 비명 소리에 눈을 질끈 감기도 하지. 싸움의 끝은 어디이고 인간 욕심의 끝은 어디일까 궁금하지만, 잠깐의 승리와 순간의 패배 아닐까 싶어. 비블로스에서 내가 느끼고 배운 걸 종합하면, 다 지나가는 일이거든. 지금 내 앞에 있는 물고기 한 마리와 쥐 한 마리에 최선을 다하는 것이 의미 있는 일 같아. 시간은 흐르고 지금 이 시간은 다시 만날 수 없기 때문에 그래. 오늘, 비블로스를 즐겨야 하는 이유야.

2300년 된 도서관이 들려주는
알렉산드리아 항구 이야기

세상 끝까지 가 보자!

알렉산드리아 도서관 벽면이야.
세계 여러 나라 글자가 새겨져 있는데
한글도 한번 찾아볼래?

바다에 가려고 하니? 길을 건너면 지중해야. 저기 차 다니는 길, 그 길 너머에 찰랑이는 바다가 지중해 맞아. 육교를 건너면 지중해 앞에 설 수 있는데, 지중해는 보고 싶지만 길을 건너기 싫다면 도서관 건물 옥상으로 올라와. 도서관에서는 맑고 푸른 지중해를 한눈에 담을 수 있고 바다 위에 둥둥 떠 있는 기분을 느낄 수 있거든.

그게 아니라고? 지중해가 아니라 도서관을 보려고 알렉산드리아에 왔다는 말이지? 그런데 왜 들어오지 않고 빙빙 맴만 도니? 나는 지중해 보려고 여기까지 온 줄 알았잖아. 오늘은 금요일 아니거든, 정기 휴일이 아니니까 들어와도 괜찮아. 내가 소장하는 책들은 방문자를 공격하지도 않아. 안심하고 들어와.

망설이고 있구나. 지중해를 구경할까, 도서관을 먼저 둘러볼까 정하지 못했구나. 그럴 때가 있지. 눈과 마음은 지중해로 달려가는데 도서관에 가야 한다고 머리가 명령을 내리는 게지? 이해해, 그게 사람이거든. 감성과 이성이 끊임없이 대결하는 장소가 사람의 몸이거든. 나 알렉산드리아 도서관은 이성을 존중하는 편이야. 사람에게는 옳고 그름, 선한 것과 악한 것을 알아보는 능력이 있다고 믿지.

이집트의 항구 도시 알렉산드리아에 오려 했던 이유를 생각해 봐. 도서관을 보기 위해서였지? 그렇다면 도서관에 먼저 들러야지. 꼭 해야 할 일을 마친 다음에 눈과 마음이 원하는 일을 하는 게 좋지 않을까? 잔소리쟁이 도서관이다, 소리 지르며 달아나고 싶겠지만 이미 늦었어. 여기는 알렉산드리아고 나는 지구 최고의 도서관이야. 알렉산드리아에서는 나를 만나야 여행다운 여행을 완성할 수 있다는 말이지.

이러지도 못하고 저러지도 못하는 걸 보니, 내 말 때문에 더 헷갈리는구나. 미안해. 강요하는 건 아니야. 네가 스스로 옳은 결정을 내릴 수 있도록 정확한 사실만 말했어야 하는데 지중해가 도서관보다 먼저라는 말에 잠시 이성을 잃었나 봐. 감정이 앞서는 모습은 이제 없을 거야. 나는 이성적인 도서관이거든. 놀란 마음 가라앉히고 건물 안으로 들어오겠니? 내가 워낙 우람해서 들어오면 다리 아플까, 어지러울까, 걱정되겠지만 안심해. 나는 공식적으로는 7층이지만 안에서 보면 천정이 뻥 뚫려서 1층 같거든. 두 번 말하지만, 아프리카 바닷가에 있는 인류 최고의 도서관을 만나는 건 정말 의미 있는 일이야.

아프리카 땅 알렉산드리아

응, 아프리카라고 했어. 알렉산드리아는 이집트 북쪽 바닷가에 있는 항구 도시이고 이집트는 아프리카 대륙에 있는 나라니까, 알렉산드리아 도서관은 아프리카에 있어. 피라미드와 스핑크스를 보려고 이집트에 오는 사람이 많잖아. 아프리카는 물론 아시아, 유럽, 아메리카 등 지구 모든 대륙에서 말이야. 그런데 이 사람들 가운데 몇몇은 돌아갈 때까지도 이집트가 유럽에 있다고 믿어.

당황스럽지. 그렇지만 이성적이고 합리적이며 교양 있는 도서관인 나는 얼굴을 찡그리지 않아. 오히려 분석을 하지. 이집트를 모르는 사람이 없는데 이집트가 어디쯤 있는지 모른다면 교육이 잘못된 것이다, 이런 분석. 인간이 생겨나고 역사를 이끈 아프리카와 이집트를 인간이 모르는 이유는 무엇일까, 이런 분석.

수천 년 전, 지중해를 주름잡은 건 바로 이집트였어. 이집트 사람들이 지중해에서 엄청난 사건을 일으켰다, 뭐 이런 이야기는 아니야. 지중해를 오가는 수많은 배들이 앞다투어 정박하는 곳이 이집트였지. 이집트 항구에 닻을 내린 상인들은 밀, 콩 같은 이집트산 곡물을 사서 배에 실었어. 그리고 다시 항해하여 지중해가 적시는 땅 곳곳에 곡물을 팔았어. 이후 지중해는 알렉산드리아와 함께 다시 역사에 등장해. 응, 여기. 우리가 있는 곳 알렉산드리아 항구.

지금으로부터 2300여 년 전, 그리스에서 출발한 알렉산드로스라는 사람이 있었어. 그는 군대를 이끌고 지금의 터키 땅에 도착했어. 세계 최대 제국이었던 페르시아 땅을 밟은 거야. 알렉산드로스 군대는 세계 최강 페르시아 군대와 한판 승부를 벌여 이겼지. 사람들은 승리한 알렉산드로스가 동쪽으로 더 가서 페르시아 제국의 심장부에 도착할 것이라 짐작했지만 그는 남쪽으로 방향을 틀어 길을 나섰다지. 마침내 알렉산드로스가 도착한 곳이 여기였어. 나일 강이 흐르는 기름진 땅 이집트. 알렉산드로스가 아프리카 북쪽 이집트 땅에 도착한 후, 새로운 역사가 시작되었어. 이집트의 주인도, 지중해의 주인공도 바뀌었거든.

----> 알렉산드로스가 지나간 길

흑해

나, 알렉산드로스는 세계 최강 페르시아도 두렵지 않다.

펠라

아테네

스파르타

지중해

알렉산드리아

멤피스

나일강

홍해

이집트 파라오가 된 알렉산드로스

견줄 상대가 없는 깊은 역사, 압도적인 기술, 넘볼 수 없는 문화……. 탐나는 땅 이집트를 다스리던 파라오는 알렉산드로스에게 나라를 넘겨주었지. 그래, 이집트가 그리스에 정복된 거야.

알렉산드로스가 이집트에 도착했을 때 지금 이 도시는 없었어. 이집트 왕국의 수도 멤피스에서 나라를 넘겨받은 알렉산드로스는 정복한 땅 이곳저곳을 둘러보다가 바닷가에 새로운 도시를 만들라는 명령을 내렸대.

나일 강이 지중해와 만나는 곳에 고만고만한 마을이 16개 있었다지. 알렉산드로스는 이 마을을 묶어서 도시를 만들라 했고 직접 설계를 했대. 길은 어느 방향으로 내고 광장은 어디에 두는지, 도시를 감싸는 벽은 어떻게 만들 것인지 등을 일러 준 거야. 이렇게 해서 생긴 도시가 알렉산드리아야.

알렉산드리아는 그리스 말로 '알렉산드로스의 도시'라는 뜻이잖아. 이 말을 해 주면 눈을 동그랗게 뜨면서 고개를 갸웃하는 사람이 있는데, 정말이야. 나는 인간이 쌓은 모든 지식을 소장한 보물창고이며 인간의 이성을 믿는 도서관이잖아. 쉽게 말하면, 거짓말을 안 한다는 이야기지. 이집트 왕국을 무너뜨린 사람들이 도시 이름에 알렉산드로스의 이름을 넣어 정복을 기념한 거야. 더 놀라운 게 있는데 혹시 궁금하니? 그게 뭐냐면, 알렉산드리아라는 도시가 70개쯤 있었다는 사실.

그래, 네 짐작이 맞아. 알렉산드로스가 정복한 도시가 70개 이상이었다는 말이야. 이쯤 되면 이분의 취미이자 특기는 정복과 신도시 건설이라고 할 수 있겠어. 어떤 사람은 알렉산드로스가 떠돌이 기질 때문에 한곳에 머물지 못하고 이 땅 저 땅 찾아다녔다고 말하는데, 알렉산드로스 본인이 밝힌 이유는 좀 달라. 세상의 끝을 보고 싶었다는 거야. 지중해 말고 다른 바다를 만나고 싶어서 자꾸 낯선 곳으로 갔다는 거야.

알렉산드로스는 이집트에 오래 머물지 않았어. 자기가 설계한 도시 알렉산드리아가 완성되기 전에 다시 길을 나섰지. 군대를 이끌고 동쪽으로 간 알렉산드로스는 페르시아 제국의 심장과 같은 도시 페르세폴리스를 지나 중앙아시아 구석구석을 누볐고 오늘날 인도 북부에 도착했다지. 유럽과 아프리카, 아시아에 이르는 땅을 정복한 거야.

다 읽은 이야기야. 그리스 작가가 쓴 영웅 이야기책에 알렉산드로스 편이 있거든. 세상 모든 책을 품었던 내가 알렉산드로스 이야기를 빠짐없이 읊는 건 당연한 일이지. 내가 서 있는 항구의 뿌리 같은 사람이니까 더 이야기를 하면, 용감한 정복자는 서른세 살에 갑자기 죽었어. 젊은 왕은 여기 알렉산드리아 항구에 다시 오지 못했지.

늘 함께한 말, 부케팔로스에 올라탄 알렉산드로스

알렉산드리아에 들어선 새로운 나라

정복자 알렉산드로스는 죽었지만 그가 정복한 드넓은 땅은 그대로 남았어. 그리고 너무 넓은 땅이 문제로 떠올랐지. 알렉산드로스가 후계자를 남기지 않고 갑자기 죽었기 때문에 세 대륙에 걸친 땅을 다스릴 사람이 없었거든. 알렉산드로스의 부하들이 모여서 몇 날 며칠 회의를 했고 자신들이 땅을 갈라서 다스리기로 의견을 모았어. 그리하여 알렉산드로스의 부하였던 프톨레마이오스가 이집트 지역을 맡기로 했어.

프톨레마이오스는 막 만들어진 도시 알렉산드리아를 새로운 수도라고 선포했어. 새로운 나라가 시작된 것이지. 상상하기 힘들지? 나라를 바꾸는 일은 정말 특별해서 웬만해서는 경험하기 힘들잖아. 상상도 안 되는 상황 이해해. 나는 나라 주인이 바뀌는 역사의 현장을 서너 번이나 지켜봐서 무슨 일인지 자세하게 이야기할 수 있는데, 들어 볼래?

이집트 땅에 그리스 군대가 들어왔지만 사람들은 일상을 이어 갔어. 나일 강 둘레에 터를 잡고 살면서 문명을 일구었고, 신의 선물과도 같은 땅에서 온갖 작물을 길러서 넘치는 풍요를 누렸던 이집트 사람들. 그렇게 변함없이 일을 하고 사랑하고 다투기도 하면서 아프리카 북쪽 땅에서 살았던 거야. 한바탕 소동이 모두 끝나고, 나라의 주인 행세를 하는 왕의 이름이 바뀌었지. 이집트 땅에서 왕조 교체가 이루어진 거야. 그렇게 프톨레마이오스 왕조가 시작되었어.

점점 더 많은 그리스 사람들이 이집트로 와서 살게 되었지. 살아온 지역과 문화가 다르고 쓰는 말과 문자가 다른 사람들이 한 나라에서 살게 되었으니까, 불화와 충돌은 있었지만 나라를 뒤흔들 만큼은 아니었어. 그 비결은 침략자이자 지배자였던 그리스 사람들이 현실을 정확하게 본 덕분이었대.

그리스 사람들은 원래 이랬어. 그리스 것만이 문명이고 나머지는 야만이다, 이렇게 생각하는 사람들이었지. 그런데 이집트 땅에서 살아 보니

그리스만 앞세우면 세금을 걷기도 힘들더래. 이집트 문화를 존중하고, 낯선 사람들과도 잘 어울려야 이집트 땅에서 버틸 수 있다는 사실을 깨달은 거야.

  그리하여 프톨레마이오스 왕조의 지배자들은 이집트 사람들이 의지하는 신을 믿었고, 이집트 사람들이 하던 대로 왕을 파라오라고 불렀으며, 나라의 크고 작은 행사를 이집트 식으로 열었지. 이집트의 역사와 문화를 존중한다는 뜻을 겉으로 드러내면서 나라를 다스린 거야. 알렉산드리아

에 이집트 신을 모신 신전도 지었는데, 이집트 신을 그리스 신을 닮은 모습으로 조각했다지. 신전 옆에는 그리스 과학과 철학을 공부하는 공간을 마련했어. 그리스 문화에 이집트 흔적이 덧붙어서 새로운 문화가 탄생한 거야.

그리스 문화가 다른 세상에 스며들며 새로운 문화, 헬레니즘 문화가 탄생했어. 맞아, 말이 어려워. '헬'이 들어가니까 지옥 느낌이 나고 그렇지? 그런데 별거 아니야. 그리스 사람들은 자기 나라를 '헬라' 또는 '헬라스'라고도 불렀거든. 그리스의 정신을 일컫는 그리스 말이 헬레니즘이야.

그리스 같기도 하고 이집트 같기도 한 프톨레마이오스 왕조는 순조롭게 출발했어. 알렉산드리아는 이집트와 그리스에서 온 사람뿐만 아니라 지구 곳곳에서 온 사람들이 끼리끼리 모여 사는 도시가 되었지.

세상 모든 책을 모아라

프톨레마이오스 왕조가 선택한 수도 알렉산드리아에는 길이 만들어졌고 건물들이 하나둘 들어섰어. 바닷가 마을들은 건물과 함께 번듯한 도시로 탈바꿈하고 있었는데 이 도시를 비로소 수도답게 만든 건 나였어. 응, 나 알렉산드리아 도서관.

사람들은 나를 보면서 여기가 알렉산드리아 항구인 걸 문득 깨달았어. 사람들은 나를 보면서 이 새로운 도시를 처음 만든 알렉산드로스를 떠올렸지. 그래, 요샛말로 하면 나는 랜드마크(landmark)였어. 이집트 프톨레마이오스 왕조에서 가장 중요한 건물이며, 수도인 알렉산드리아를 돋보이게 하는 시설이 나였다는 말이지.

말하기 좀 무엇하지만 사람들이 나를 부르는 별명이 있었어. 합리적이고 이성적인 나와 어울리지 않는 것도 같지만 내 별명은 꽃이었어. 꽃은 아름답고 화려하잖아. 내 모습이 그렇기도 하지만 소중하고 중요한 것에 꽃이라는 말을 붙이지. 나를 보면 그리스 정신이 뭔지 알 수 있다면서 나를 헬레니즘의 꽃이라고 부른 거야. 그게 뭐냐고? 아무리 봐도 그리스 정신이 안 보인다고? 아니 이런, 너를 대하는 태도를 보고도 모르겠어? 똑 부러지는 내 이야기를 듣고도 모르겠어?

그리스 정신의 핵심은 인간에 대한 존중이야. 인간의 이성은 지구와 세상 비밀을 모두 알아낼 거라는 믿음이기도 하지. 인간은 합리적이기 때문에 얼토당토않은 일을 벌이지 않을 거라는 믿음.

나는 처음부터 꽃이었어. 2300년 전, 내가 알렉산드리아 항구에 들어선 순간부터 말이야. 프톨레마이오스 왕은 세상 모든 지식을 한데 모으겠다며 책을 모으라고 명령했어. 그리고 책을 보관할 장소를 마련하라고 했지. 그래서 만들어진 게 바로 나야.

나는 지중해와 그 너머 세상에서 인간이 만든 모든 지식의 결과물을 소장하게 되었는데, 그게 두루마리 50만 권이 넘었어. 일단 알렉산드리아 항구에 도착한 책들은 모두 나에게 왔다고 할 수 있지.

항구에 큰 서점이라도 있었냐고? 아니, 책을 산 게 아니야. 이 나라 관리들은 알렉산드리아 항구에 닻을 내린 모든 배들을 샅샅이 뒤졌어. 이렇게 찾아낸 책들을 도서관으로 가져가 꼼꼼하게 베껴 썼지. 응, 배에서 찾은 책을 모두 하나하나 베꼈어. 카메라도 없고 복사기도 스캐너도 없었으니까, 사람 손으로 또박또박 쓸 수밖에 없었지. 그렇게 만든 복사본을 원래 주인에게 주고 원본은 도서관에 보관했어. 좀 치사하지만 왕의 명령인 걸 어떡하겠어.

그리스 신을 닮은 부처님

알렉산드로스의 군대는 인도 서북쪽 지역에 도착했어. 간다라 지역이라고 불리는 이곳은 중앙아시아와 서아시아가 만나는 곳이어서 오래전부터 사람과 물건과 문명이 드나드는 통로였지. 지금 이곳은 파키스탄 땅이야.

원래 불교를 믿는 사람들은 부처를 조각상으로 만들지 않았어. 그러나 헬레니즘 문화가 전파되면서 간다라 지역에서 불상이 만들어지기 시작했어. 그리스 문화의 영향으로 부처를 마치 서양 사람처럼 표현했지. 부리부리한 눈에 오뚝한 코, 머리 모양과 옷차림까지 말이야. 간다라 지역에서 만들어지기 시작한 불상은 불교와 함께 아시아 곳곳으로 번졌어. 대륙 동쪽 끝 우리나라에서도 불상을 만들게 되었지. 알렉산드로스 군대가 간다라 지역에 머문 시간은 채 20년이 안 되지만 불교를 만난 헬레니즘 예술은 오래도록 이어진 거야.

그리스 조각상   간다라 불상

세상 모든 책을 모은다니 제정신이냐고? 수집광이거나 독서광 아니냐는 질문이지? 왕이 세상 모든 책을 원한 건 자랑이나 수집 목적이 아니었어. 아주 실용적인 이유였지. 그리스에서 온 왕은 이집트 땅을 통치하기 위해서 세상 모든 책이 필요했대.

책이랑 통치가 무슨 관계냐고? 그게 말이야, 아주 가까운 관계야. 책을 보면 글을 쓴 사람들이 어떤 생각을 하는지 짐작할 수 있잖아. 그리고 다른 세상을 알게 되지. 역사책을 읽으면 오래전 사람들이 살던 세상은 어땠는지 상상하게 되고, 다른 나라 이야기책을 읽으면 그 나라 사람들은 뭘 먹고 어떤 집에서 살며 무엇을 중요하게 여기는지 알게 되잖아.

프톨레마이오스 왕은 자기가 다스려야 할 지역 사람들이 무엇을 좋아하고 싫어하는지, 어떤 걸 두려워하고 우스워하는지 알고 싶었대. 반발 없이 세금을 걷으려면 어떻게 명령해야 하는지, 투덜거리지 않고 돌을 나르게 하려면 어떤 이야기를 들려줘야 하는지 알고 싶었다는 말이지. 세상 모든 책은 그래서 필요했대.

도서관은 진리의 고향

세상 모든 지식을 모아 두는 거창한 일을 했지만, 사실 나는 부속품일 뿐이었어. 무세이온이라는 신전에 딸린 도서관이었거든. 그리스 세상에서는 어떤 건물도 신을 모시는 공간, 신전보다 위대할 수 없었지. 신이라고 하니까. 혹시 좀비나 뱀파이어 그런 거 생각하니? 그런 사이비 능력자 말고 '뮤즈'라고 들어 봤니?

뮤즈 아홉 신은 그리스 신화에 등장해. 뮤즈는 노래, 춤, 문학 같은 예술 활동에 영감을 주고, 인간이 창의적인 생각을 할 수 있도록 돕는 존재야. 그리스에서 온 프톨레마이오스 왕조 사람들은 인간이 학문을 연구하고 예술 활동을 하는 건 모두 뮤즈 덕분이라고 생각했어. 그래서 뮤즈를 모시는 신전인 무세이온을 만들었어. 무세이온이 곧 '뮤즈 신전'이라는 뜻이기도 해. 박물관을 뜻하는 뮤지엄(museum)도 무세이온에서 나온 말이지. 무세이온은 뮤즈를 모실 뿐 아니라 학문을 연구하는 공간이기도 했어.

뮤즈 여신 덕분이었을까? 무세이온에서 학문을 연구하는 사람들은 인간의 몸과 마음, 지구와 우주의 비밀을 알기 위해 밤낮 없이 골몰했는데 그 모습이 참 아름답더라.

원 둘레를 계산하면서 지구의 둘레를 헤아리려던 에라스토테네스, 원통과 삼각뿔 같은 각종 도형과 씨름하는 유클리드, 죽은 사람의 몸을 해부하여 인체의 신비를 밝히려는 헤로필로스, 이런 사람들이 이곳에서 연구했거든. 지구 최고의 과학자와 철학자가 모여 있다는 소문은 빠르게 퍼졌고 천문학과 물리학, 수학과 철학과 문학을 공부하고 싶은 사람들이 지중해 곳곳에서 배를 타고 모였어. 유럽과 아시아, 아프리카, 이렇게 서로 다른 곳에서 온 사람들이 알렉산드리아 항구에서 만났지. 구석구석에서 특별한 연구와 토론이 이루어지는 공간이 무세이온이었지.

내가 소장한 책들을 참고하여 연구하는 학생이 1만 명이 넘을 때가 있었어. 굉장하지? 사람들에게 둘러싸인 채로 하루하루를 보낸 게 2000년 전인데, 그 시절에 나는 하나도 안 피곤했어. 진리를 찾는 기쁨에 날마다 행복했지. 세상 사람들이 나를 인간 이성의 중심이자 진리의 고향으로 여겼으니까 우쭐한 마음이 있었던 것도 사실이야.

다시 태어난 알렉산드리아 도서관

　나이보다 젊어 보인다고? 그런 말 많이 들어. 2300년 전에 만들어진 도서관을 보러 왔는데 너무 새 건물이라면서 나를 만지작거리는 사람도 있어. 알렉산드리아 항구가 한때는 지구에서 가장 화려한 장소였다는 사실을 믿을 수 없다면서 혀를 내두르는 사람도 있지. 그런 소리를 들을 때마다 내가 산 2300년을 꼼꼼하게 말하고 싶지만 그냥 포기해. 이집트가 아프리카에 있는 나라인 것도 모르는 인간에게 무슨 말을 어떻게 할지 모르겠어. 클레오파트라가 프톨레마이오스 왕조의 마지막 임금이라는 것을 모르는 인간에게 지친 것도 사실이야.

　안다고? 클레오파트라 7세를 안다는 말이지? 그럼 당연히 이야기할 맛이 나지. 이집트가 로마의 먹잇감이 될 처지에 놓였을 때 나라를 끝까지 지키려던 클레오파트라 여왕이었잖아. 결국 로마 군대에 무릎 꿇으며 여왕은 스스로 목숨을 끊었지. 그게 왕조의 마지막이었어.

　이집트 땅이 로마에 정복되었을 때만 해도 나는 무사했어. 비록 내가 소장한 책들을 도둑맞기는 했지만 항구에 우뚝 서 있었지. 그러나 나는 서서히 파괴되었어. 건물 기둥이 내려앉았고, 모든 것이 불에 타면서 흔적도 없이 사라졌어. 지구 최고의 도서관이었던 내가 이 땅에서 사라지다니 말할 수 없이 힘든 시간이었어.

　부활했냐고? 나 말이야? 아니지, 죽은 적이 없으니까 살아난 적도 없

어. 건물은 흔적 없이 사라졌지만 나는, 그러니까 지구 최고 도서관의 정신은 알렉산드리아 항구를 늘 배회하고 있었거든. 놀라기는? 유령, 그런 거 생각하는 거야? 사라진 도서관의 영혼이 유령처럼 폐허를 떠돌면서 불탄 책 속에 있는 한 구절을 읊고 다니면 참 재미났겠지만 그런 일은 안했으니까 걱정 마. 고요하게 항구를 떠돌던 나는 2002년에 단장을 마치고 원래 자리로 다시 돌아왔어. 바다에서 떠오르는 햇덩이의 모습으로 말이야. 그렇게 두 번째 삶을 시작한 것이지.

그 웅얼거림은 혹시, 한 세기도 못 산 주제에 지구 최고라고 으스댔냐는

2002년에 새로 만들어진 알렉산드리아 도서관 내부

불평이야? 역시 그렇구나, 그렇게 볼 수도 있지만 그 옛날 알렉산드리아 도서관이 21세기에 어울리는 모습으로 항구에 서 있다고 생각할 수도 있잖아. 모습만 바뀌었지 2300년 전에도 그랬듯, 세상 지식을 품은 도서관이라고.

그래도 억울하다고? 역사책에 나오는 도서관이 있으니까 꼭 봐야 한다고 해서 피라미드와 스핑크스를 뒤로 하고 달려왔다는 말이지? 오로지 알렉산드리아 도서관 때문에 아프리카 땅 이집트에 도착해서 수도 카이로에 내린 다음, 고대 이집트 문명을 관람하고 두 시간 남짓 버스를 달린 끝에 알렉산드리아에 왔다는 말이지? 정말 잘했어. 그리 힘들게 도착한 알렉산드리아 도서관 앞에서 지중해를 보고 있으니까, 친구는 이집트 여행 한 번으로 지중해를 오간 사람들이 일군 2300년을 눈에 담은 거야.

이게 그냥 바다가 아니거든. 아프리카, 유럽, 아시아가 만나고 헤어지고 싸우고 하나가 되었던 지중해잖아. 알렉산드리아가 그냥 항구가 아니잖아. 인간의 이성을 믿는 사람들이 모여들었던 도시잖아. 새롭게 시작하는 사람들이 가장 먼저 찾았던 젊은 항구.

이 정도면 지중해 구경 다 했거든, 그럼 이제 도서관 안으로 들어올래?

1000년 된 종이가 들려주는
아말피 항구 이야기

가파른 절벽에 세워진
아말피 마을이야.

종이치고는 깔끄럽지? 한번 만지면 자꾸 문지르고 싶다는데, 너도 그러니? 눈치 보지 말고 만져, 괜찮아. 두툼해서 잘 안 찢어지니까 과감하게 만지라고. 까칠까칠해 보여도 나는 부드러운 종이거든. 나를 만지고 쓰는 사람의 머리카락 색깔이나 성별, 몸무게나 키, 국적이나 취미를 따지지 않는 너그러운 종이지. 생각이나 감정을 표현하는 도구로 종이를 선택한 사람이라면 누구든 괜찮으니까 걱정 말고 만져 봐.

높고 화려한 건물로 반짝이는 유럽을 생각하고 왔는데 시골이라서 실망했구나. 안타깝지만 아말피는 이탈리아에 있는 작은 마을 맞아. 보석 같은 공간이 숨어 있지만 작은 어촌 마을이지. 이왕 왔으니까 유럽 시골 분위기에 너를 맡기면 어때?

뭐? 바다와 벼랑뿐이어서 무섭다고? 응, 아말피가 그냥 싫구나. 바다

앞까지 내달린 가파른 산을 깎아서 마을을 만들고 집을 지었으니까 아말피는 좀 아슬아슬한 동네 맞아. 아찔한 벼랑 위에서 사람이 사는 건 맞지만, 바다로 떨어질까 봐 두려워하는 사람은 천 년 동안 못 봤어, 걱정 마.

지중해와 가파른 벼랑이 만드는 풍경을 보려고 아말피에 오는 사람이 많은데 작은 아이는 드물어. 유명한 역사의 현장이나 재미난 볼거리, 아찔한 체험 같은 건 아말피에 없으니까 아이들은 좀 심심해하더라고. 그런데 이렇게 아름다운 바닷가 마을에 머무는 일은 정말…… 그게 아니라고? 그랬구나, 이제 알겠어. 문제는 나였구나. 유럽까지 와서 종이를 만져야 하나, 이런 생각이었다는 말이지? 학교랑 학원에서 질리도록 만지고 보는 게 종이인데 여행 와서도 종이여서 기절할 뻔했다고? 나도 할 말이 있지만 너의 유럽 여행을 내가 망쳤다니까 먼저 사과할게. 유럽에서 하필 종이가 기다리고 있어서 미안해.

이건 진심인데, 나 아말피 종이는 좀 달라. 네가 만난 흔한 종이들이랑 탄생 과정도 다르고 살아온 역사도 좀 다른데, 그 이야기를 해도 될까? 유럽 여행 와서 종이랑 이야기 나누는 건 시시하겠지만 아말피까지 와서 종이 이야기를 안 듣는 건 많이 이상하거든.

이슬람 세상을 누비는 종이

다리 쭉 펴고 허리 세우고 얼굴을 굼실굼실 움직여 볼래? 몸이 편안해야 마음이 열리고 이야기가 잘 들리거든. 원래 여행이 그렇단다. 생각도 못한 걸 만나는 재미에 자꾸 길을 나서는 사람도 있지. 유럽에 와서 시골 마을 구경하다가 종이를 만날지 누가 알았겠어. 이게 바로 여행의 묘미 아니겠니.

할 만큼 해 봐서 하는 말이야. 마음을 여는 만큼 즐거운 것이 여행이더라고. 웅크리면 여행지의 바람도 맞을 수 없고, 여행지를 넓게 볼 수도 없어. 아말피에 도착한 내가 그랬거든. 아찔한 벼랑은 무섭고, 생김새가 다른 사람들은 낯설어서 자꾸 웅크렸지. 아말피 바닷가로 날아드는 따뜻한 볕과 맑은 바람, 아무것도 못 느낀 채로 하루하루 시간만 흘려보냈어.

내가 낯가림이 심한 종이였냐는 질문이지? 천만의 말씀. 항구에서 바다를 오가는 배들을 보면서 낯선 세상을 상상하는 일이 내 취미였고, 항구에 드나드는 다양한 상인들을 구경하는 재미로 내일을 기다리는 종이였지. 어디에서 그랬냐면 저기 저쪽, 해 뜨는 땅에서 그랬어. 아말피 사람들, 그러니까 여기 이탈리아 사람들은 내 고향을 '해 뜨는 땅'이라고 부르거든. 이탈리아 말로 '레반트'.

그림을 그리면서 상상해 볼래? 유럽과 아시아, 아프리카에 빙 둘러싸인 바다 지중해는 가로로 긴 타원형이잖아. 그 타원형 동쪽 끝이 서아시아 땅이지? 바로 거기야. 지중해가 닿는 서아시아 끄트머리가 해 뜨는 땅, 레반트야. 해 뜨는 걸 가만히 보면 동쪽 수평선 끝에서 쑥 올라오는 것 같잖아. 이탈리아 사람들이 보기에 내 고향 땅에서 해가 뜨는 것 같았나 봐.

요새 그 땅에는 레바논과 시리아, 이스라엘이라는 나라가 있고, 예루살렘이라는 도시도 있지. 그럼 내가 레반트에서 태어났냐고? 그건 아니야. 나는 아라비아 반도에 있는 종이 공장에서 만들어졌고, 태어나자마자 레반트 지역으로 와서 지냈어. 그래서 레반트를 고향이라고 생각해.

깐깐하게 따지면 어느 땅은 레반트고 어느 땅은 아라비아 반도지만 내가 살던 1000년 무렵에는 전부 이슬람 세상이었어. 이곳에 사는 사람들은 모두 이슬람이라는 종교를 믿었는데 지금도 그래.

거기 살면서 여행을 많이 했어. 배를 타고 지중해로 나갔다, 돌아와서 또 배를 타곤 했으니까 나는 여행을 일이자 취미로 여기는 종이였다고 할 수 있지. 정확하게 말하면, 이슬람 상인들이 나를 자꾸 배에 태우고 지중해로 나갔어. 레반트 항구에서 출발한 우리는 아프리카에도 가고 유럽에도 갔지.

이슬람 상인들이 여행을 좋아했냐고? 아, 그게 말야, 나는 여행이라고 생각했지만 사람들은 아니지. 하나라도 더 팔기 위해 배에 후추와 무화과,

종이와 옷감을 잔뜩 싣고 떠났으니까 그들은 먹고살기 위해 지중해를 건넌 거였어. 그래 맞아, 나는 이슬람 상인과 함께 배를 타고 나갔다가 팔리지 못하는 바람에 레반트 항구로 수없이 되돌아온 종이였어.

지중해 동쪽 끝에서 출발한 배는 시칠리아 섬에 잠시 정박했다가 지중해 서쪽 끝에 있는 유럽 땅에 도착했는데 그 땅에도 이슬람교를 믿는 사람들, 즉 무슬림이 살고 있었지. 이슬람 세상에서 출발한 배는 아프리카 알렉산드리아 항구에 도착했는데 그 땅도 이슬람 왕국이었어. 지중해 이곳저곳을 다니면서 장사도 하고 정복도 해서 이슬람교를 널리 퍼트린 무슬림들은 지중해가 적시는 많은 땅의 주인이었어. 그 시절에 지중해는 이슬

람의 바다였다고 할 수 있어. 나는, 이슬람의 바다를 거침없이 항해하는 종이였다는 말이야.

이슬람과 기독교의 만남

걱정 근심 없던 어느 날, 지중해가 크게 술렁이면서 항구 전체가 얼어붙었어. 그리고 내가, 하필 내가 소용돌이 속으로 빨려 들어갔지. 그날 이야기 들어 볼래?

이슬람의 바다 지중해에 낯선 배가 떴다는 소식이 돌자 사람들은 긴장

유대교와 기독교, 이슬람교가 시작된 땅, 예루살렘

했어. 유럽에서 출항한 배가 내가 있는 레반트 지역으로 다가온다는 소식이었거든. 유럽 기독교 군대가 예루살렘을 공격하는가 싶어 다들 정신을 바짝 차렸지. 진즉에 소문이 돌았거든.

예루살렘은 신의 계시를 받아 이슬람교를 세운 무함마드가 승천한 곳이어서 무슬림에게 의미 있고 성스러운 장소였어. 동시에 예루살렘은, 기독교인들이 믿는 예수가 십자가에 못 박힌 곳이어서 유럽 사람들에게도 중요한 장소였지. 유럽 기독교 군대가 이슬람이 차지한 예루살렘을 빼앗으러 온다는 소문이 한창 떠돌던 때였어.

팽팽해진 물살을 가르고 마침내 배가 항구에 닻을 내렸어. 유럽 땅 아말피에서 출발한 그 배에는 기독교를 믿는 사람들이 타고 있었지. 그런데 예루살렘을 공격하기는커녕 글쎄 아무 소란도 벌어지지 않았지 뭐야. 이들은 침략자가 아니라 그저 이슬람 상인들에게 물건을 사러 온 사람들이었던 거야.

그리하여 이슬람교와 기독교가 팽팽히 맞서던 그 시절, 둘은 싸우지 않고 평화롭게 만났어. 종교가 다르고 문화가 다르고 생김새가 달랐던 둘은 모든 것을 제치고 냉정하게 계산을 했어. 그 결과, 이슬람 상인은 아말피 상인에게 후추와 옷감을 팔아서 돈을 벌고, 아말피 상인은 이 물건을 유럽에 가져다 판다는 답을 얻었지. 정확하게 계산하고 서로를 존중한다면 이보다 좋은 거래는 없을 터였어.

그때 내가 아말피 상인의 배를 탄 거야. 아말피 상인에게 팔렸다는 사실도 모른 채 지중해를 항해했던 거야. 낯선 사람들과 배에 함께 있다는 느낌은 있었지만 워낙 익숙한 길이어서, 여느 때처럼 지중해 여행이려니 생각하면서 바다를 즐겼지 뭐야.

마침내 배는 아말피 항구에 닻을 내렸고 나는 창고로 갔는데, 그때부터 뭔가 이상했지. 사흘이 지나 나흘이 되었고, 열흘이 지나 한 달이 되도록 내가 창고에 있는 거야. 다시 배를 타고 내가 있던 땅으로 가야 하는데 아무도 나를 찾지 않는 거야. 밀려오는 두려움을 떨칠 수 없더라고.

용감한 아말피 상인들

머지않아 나는 많은 걸 알게 되었어. 이 항구 이름이 아말피인 걸 알았고, 아말피는 아말피 공국의 수도라는 걸 알았지. 오늘날 이탈리아 반도에 있는 아말피는 베네치아나 피사처럼 지중해를 무대로 무역을 하던 해상 왕국이라는 사실도 확인했어. 충격적인 사실을 하나 알게 되었는데, 바로 종교 문제야. 이슬람의 종이였던 나는 신의 말씀을 담는 일을 주로 했기 때문에 종교에 관련된 일이면 모르는 게 없었어. 그런데 기독교를 믿는 아말피 사람들의 이야기는 놀라웠어. 교황의 눈치를 보지 않고 이슬람과 당당히 거래를 했다는 거야.

그게 왜 놀랍냐고? 종교가 다르면 장사도 못하냐고? 맞는 말이야. 지금 같으면 이야깃거리가 아닌 게 맞아. 요새는 불교를 믿는 사람이 기독교 국가로 유학을 가고, 기독교 국가가 이슬람 국가 물건을 사기도 하니까. 그런데 말야, 1000년 무렵에는 세상의 중심이 종교 같았어. 공부와 운동, 경제와 정치 같은 사람 일의 맨 꼭대기에는 종교가 있었어. 사람들은 어떤 선택이나 결정을 할 때 종교의 가르침에 어긋나지 않는지 살피곤 했지.

지금 생각하면 이상하지만 그때는 그랬어. 당시 기독교를 대표하는 교황이 아말피 왕국에 이런 명령도 내렸다지.

"이제부터 이슬람과 거래하지 마!"

그러지 않으면 유럽에서 왕따가 될 것이라는 협박을 덧붙여서 말야. 아말피 사람들은 잠깐 고민했대. 이슬람과 거래하여 물건과 돈을 얻을지, 기독교 세상과 거래하여 교황의 믿음을 얻을지. 다들 종교가 먼저라고 했지만, 아말피 사람들은 과감하게 돈을 선택한 다음 이슬람의 바다를 계속 항해하였대.

그리하여 바위투성이 척박한 땅 아말피가 부자가 되었다는 전설 같은 결론이야. 돈에 눈이 멀어서 적과 타협했다고 욕하는 사람도 있었다지만 아말피는 정말 용감하지 않니? 교황의 말 한마디가 세상을 뒤흔들던 시절에 교황을 거스른 거잖아.

아말피가 두려움을 떨치고 홀로서기를 선택한 나라였다는 사실을 확인한 다음, 마음이 열리기 시작했어. 나를 데려온 아말피 사람들의 용기에 감동했다고 할 수 있지. 여기는 낯선 기독교 세상이지만 나는 부드러우면서도 강한 종이라서 적응할 수 있다, 세상 모든 잉크를 흡수하는 것처럼 세상 모든 사람들을 받아들이자, 이런 거창한 마음을 품고 지중해를 바라보았지.

아말피 종이 공장의 무한 도전

방금 한 말 정말이냐고? 진심이냐고? 그렇게 묻는다면, 다른 이유도 하나 있었어. 내가 아말피에서 계속 살아야겠다고 결심한 이유는, 친구가 없었기 때문이야. 아말피 항구 창고에서 나와 함께 지내던 친구들이 하나 둘 배를 타고 떠났거든. 아말피 상인들과 함께 유럽 항구로 떠난 종이들은 아말피로 돌아오지 못했어. 내 친구 종이들은 유럽 사람들에게 모두 팔렸거든.

반응이 괜찮았대. 유럽 기독교인들이 하느님의 말씀을 베껴 쓰기에도 좋고 뭔가를 그리기에도 좋다는 반응이어서 이슬람에서 온 종이는 모두 팔렸다지. 수입한 종이가 남김없이 팔리자 아말피 상인들이 결심을 했어. 직접 종이를 만들어서 팔자! 지금은 위험을 무릅쓰고 지중해를 건너고 있지만 이슬람으로 가는 길은 언제 막힐지 모른다, 이런 생각을 한 것이지.

드디어 아말피에 종이 공장이 만들어지기 시작했고, 나는 종이 공장 한쪽으로 자리를 옮겼어. 고향으로 돌아갈 수 있다는 희망이 모두 사라진 그 무렵에 나는, 부드러운 힘으로 살자, 아찔한 벼랑이면 어떠냐, 이렇게 마음을 다졌어. 그때가 1200년대야.

그래도 걱정이었어. 나를 본떠서 종이를 만들겠다는 의지는 하늘을 찔렀지만 불가능해 보였거든. 종이를 만들겠다는 생각은 무모한 도전 같았지. 아말피 사람에게는 안 보이고 내 눈에는 보이는 장애물이 있었어.

첫 번째 장애물은 물. 아말피 사람들이 좁은 골짜기에 종이 공장을 만들기 시작하지 뭐야. 나는 기가 막혔지. 계곡물로 종이 공장의 물레방아를 돌릴 수야 있었지만, 너무 좁아서 가뭄이라도 오면 말라 버릴 계곡이었거든. 하지만 감히 교황의 명령을 어길 만큼 용감하고 과감한 아말피 사람들이잖아. 이슬람에서 온 종이가 유럽 곳곳에서 환영받는 현장을 확인한 아말피 사람들은 한눈도 팔지 않고 공장을 짓더라고.

두 번째 장애물은 나무. 아말피에는 뽕나무와 삼나무가 없어. 버스를 타고 오면서 봤겠지만 아말피 절벽과 바닷가에는 레몬과 올리브 나무가 전

부야. 이슬람 방식으로 종이를 만들고 싶어도 재료가 없는 게 결정적인 문제였는데 이 과감한 사람들이 글쎄, 넝마를 집어넣고 끓이는 거야. 알지? 망태 할아버지가 모으는 넝마. 낡은 옷과 이불 쪼가리처럼 해진 천 조각을 넝마라고 하잖아. 그런데 마법처럼 낡은 넝마가 종이 반죽으로 변신을 했고, 반죽을 찬물에 풀어 네모난 격자 틀로 얇게 떠서 말렸더니 그럴 듯한 종이가 만들어졌어. 아말피 사람들은 이슬람 종이를 흉내 내다가 정말로 종이를 만든 것이지.

   물과 나무라는 큰 장애물 두 개를 넘은 아말피 종이를 처음 봤을 때 기분? 솔직히 말하면 모른 체 하고 싶었어. 이

아말피 종이 탄생!

슬람의 종이와 많이 달랐거든. 거기서 거기 아니냐고? 종이는 다 똑같지 않냐고? 사람 눈으로 보면 다 같은 종이겠지만 종이 눈으로 보면 정말 달라. 이슬람 세상인 사마르칸트나 바그다드에서 만든 종이는 얇고 누렇고 부드럽고 고운 편이야. 아말피 종이에 비해서 그렇다는 말이지. 아말피 종이가 이슬람 종이보다 부족하다는 말을 하려는 건 아니고 다른 점을 말하는 것뿐이니까 오해는 말아 줘.

이슬람 세상에서 종이는 신의 말씀을 담는 그릇과 같았어. 그래서 종이를 만들 때 정성스럽게 물을 퍼 올렸고 정갈한 나무를 골라 끓였지. 만드는 과정부터 귀하고 고급스러운 물건이 종이였는데, 넝마라니? 이건 종이가 아니라고 마음속으로 외치면서 나는 아말피 종이를 외면했어. 그러던 어느 날, 곁눈질로 종이를 보는데 볼수록 정이 가고 나랑 닮았지 뭐야. 견본이 나였으니까 닮은 건 당연했지만 마음속에서 뭉클한 것이 움직이더라고.

그렇게 내 마음속 장애물도 넘었어. 지중해를 만나는 아말피의 해안선이 갑자기 아름다워 보였고 벼랑 앞에 펼쳐지는 바다는 아찔한 재미를 준다는 생각이 들더군. 이만하면 종이가 살 만한 바닷가 아니겠는가 싶었지.

신의 말씀을 담은 종이

아말피 종이는 아말피 상인들과 함께 유럽 곳곳으로 가서 팔렸어. 양이나 송아지 가죽으로 만든 양피지를 쓰던 유럽 사람들이니까 종이는 처음이었지. 그런데 말야, 종이의 운명인지 아말피 종이도 유럽에서는 신을 위한 물건으로 출발했지 뭐야. 종이를 사는 곳은 대개 수도원이나 교회였어. 둘둘 말린 양피지를 펼쳐 글을 읽을 수 있는 사람은 성직자뿐이어서 교회나 수도원에서만 종이가 필요했던 거야. 1300년대에 유럽은 그랬어.

종이에 글자를 적어 본 성직자들은, 아말피 상인을 비롯한 모두의 기대에 부흥하여 양피지를 버리고 바로 종이를 선택하였지. 종이에 적으면 양피지에 적는 것보다 힘이 덜 들거든. 종이는 얇고 부드러우니까 잘 접혀서 많은 양을 보관하기에도 좋았거든. 더구나 종이에 적은 다음 가운데를 끈으로 묶으면 들기 좋은 책 한 권이 만들어지니까 잃어버릴 걱정이 없었거든. 양피지를 먹으려고 수도원에 잠입하는 쥐 떼는 골칫거리였는데 종이는 쥐가 꼬이지 않아서 매력 있었거든. 그리하여 신상품 종이는 순식간에 유럽의 수도원과 교회를 점령하였다는 이야기고, 아말피 상인은 돈을 벌었다는 이야기야.

하품하는 거니? 괜찮아, 상관없어. 신과 종교 이야기는 너무 경건해서 지루하고 졸려. 그런데 어쩌겠니, 아말피 종이는 신의 말씀을 담는 그릇이 되고 말았어. 기독교 경전인 〈성경〉을 담는 그릇이 된 것이지. 그런데 말야, 분위기는 정말 달랐어. 이슬람 세상에서는 누구나 신의 말씀이 적힌 〈코란〉을 읽을 수 있잖아. 기독교 세상에서는 〈성경〉을 아무나 읽는 게 아니더라고. 신을 위해서 일을 하는 성직자들만 읽는 거야. 그것도 자기 책이 아니라 수도원이나 교회에 보관된 책을 여러 명이 돌려서 읽더라고. 우리 종이들은 유럽에서 신의 말씀을 담은 채로 수도원과 교회 서고에 갇혀 있었다는 이야기야.

종이 살 돈이 없어서 〈성경〉을 못 만들었냐고? 글쎄, 평범한 사람들은 가난했지만 교회나 수도원은 넉넉했으니까 그건 아니고, 한정판 효과 같은 거야. 몇 개 없어서 구하기 힘들면 더 멋져 보이고 꼭 갖고 싶잖아. 운이 좋게 귀한 물건을 구하면 내가 특별한 사람이 된 것도 같고 말야. 〈성경〉을

아무나 읽을 수 없었던 유럽에서는 성직자들의 권위가 하늘만큼 높았고, 먹고사는 일보다 교회 일이 늘 먼저였대. 유럽은 그 시절에 근엄하고 엄숙한 신의 세상이 분명했어.

세상을 뒤집은 종이

신의 허락 없이는 한 발도 움직이기 힘든 시절을 몇 백 년 보내고 나자, 유럽 사람들의 마음속에는 불만과 의심이 피어났어. 그때는 유럽 구석구석으로 종이가 번지는 1400년대였어. 사람들의 의심과 불만이 종이와 함께 폭발하는 엄청난 시절이 다가오고 있었어.

종이에 불이 붙어서 폭발하는 장면을 떠올리는 거 아니지? 눈이 반짝이길래 혹시나 해서 물었어. 정말로 불이 나고 집과 건물이 무너지는 폭발이 일어난 건 아니고, 세상이 뒤집힐 만큼 충격적인 일이 펼쳐졌다는 말이야.

우리 종이가 금속 활자와 인쇄기를 만났는데 그게 폭발의 시작이었지. 쇠 같은 금속에 볼록하게 글자를 새겨서 잉크를 묻힌 다음 종이를 덮고 롤러로 밀면 금속의 글자가 종이에 묻어나잖아, 그게 인쇄지. 글자를 새긴 판이 나무면 목판 활자, 쇠면 금속 활자. 유럽에서는 처음으로 1440년에 금속 활자가 만들어져서 인쇄가 시작되었는데, 인쇄에 필요한 도구와 기계를 만든 건 구텐베르크라는 독일 사람이었어. 기계를 돌려서 종이에 찍

어 낸 책이 바로 〈성경〉이었는데 이것이 유럽을 뒤집는 불쏘시개가 되었어.

성직자만이 읽을 수 있던 〈성경〉을 평범한 사람도 읽게 되었잖아. 옛날에는 신의 말씀을 성직자의 입을 통해서만 들을 수 있었지만, 이제는 누구나 집에서도 밭에서도 들을 수 있게 된 거야. 이렇게 되니까 성직자는 그냥 직업 중 하나가 되었고, 교회는 그냥 기도하러 모이는 장소가 되어 버렸어. 그래, 교회와 성직자가 만만해진 거야. 인쇄된 성경 덕분에, 그러니까 우리 종이 덕분에 말이지.

유럽 사람들은 어떻게 되었냐고? 교회에서 좀 웃어도 괜찮고, 먹고 사는 일이 교회 일보다 중요해지고, 신 대신 사람을 꼼꼼하게 탐구하는 르네상스 시절을 열었다지. 이건 역사책에 나오는 공식적인 이야기고, 우리 종이에게는 수도원 생활이 끝났다는 게 참 중요했어. 수도원 서고에 갇혀 지내는 시간이 조금만 더 길었어도 무슨 일을 저질렀을지 우리도 모르거든.

떠난 후에야 현실이 되는 아말피

어때? 달리 보이지? 아말피 종이는 그런 엄청난 일을 한 유럽 종이의 조상이자 뿌리야. 그래서 지금도 유럽 사람들은 종이 하면 아말피를 떠올리는 거야. 귀한 사람에게 보내는 편지, 화가의 그림, 교황청에서 발

표하는 메시지를 담는 그릇은 아직도 아말피 종이야. 오래되었지만 세련된 느낌과 거친 듯 부드러운 질감이 참 좋잖아. 종이 장인이 손으로 한 장 한 장 뜨는 종이여서 특별하고 말야. 맞지? 그냥 종이가 아니지? 아말피에서 종이를 만나 이야기를 나누는 건 유럽 여행의 고갱이고 핵심이고 알맹이라고 할 수 있어.

처음부터 종이 공장이 하나였냐고? 설마 그럴 리가 있겠어. 1200년대에 첫 공장이 생긴 다음에 유럽에서 인쇄가 유행하여 〈성경〉을 막 찍어 냈잖아. 아말피 종이는 출판 인쇄업과 전성기를 함께해서 1700년대와 1800년대에 화려한 시절을 보냈어. 유럽 사람들은 비싸도 특별한 책을 만들고 싶어서 아말피 종이에 인쇄를 했는데 돈을 이기기는 힘들었어. 기계들이 찍어 내는 값싼 펄프 종이들이 인쇄소를 장악하면서 비싼 아말피 종이가 뒤로 밀린 것이지. 종이를 사는 사람이 점점 줄어드니까 와글와글하던 공장들이 하나둘 문을 닫아서 지금 남아 있는 공장은 모두 세 개야. 아주 오래전에 배운 이슬람 방식으로 한 장 한 장 종이를 뜨는 공장이 딱 세 개.

전성기가 바람처럼 지나간 다음, 이슬람과 교역하는 용감한 해상 왕국이 바로 여기에 있었다고 믿기 어려울 정도로 아말피는 시들시들 잊혀졌어. 우리 종이들도 적막한 시간을 보냈어. 문학을 사랑하는 사람들에게는 신과 같은 어마어마한 존재가 아말피 바닷가에 나타날 때까지 그러했지.

노벨 문학상을 타기도 한 존 스타인벡이라는 작가가 1960년 무렵에 아말피에 온 거야. 그는 훗날 아말피 여행 이야기를 발표하였는데 거장의 소감은 이러하였지.

"머무를 때는 비현실적이지만 떠난 후에야 현실이 되는 꿈의 장소."

굉장하지? 천국 같고 꿈 같고 우주 같은 황홀한 장소가 아말피라고 썼는데, 거장의 이 문장이 사람들의 마음을 움직였어. 꿈의 장소를 직접 보고야 말겠다며 아말피를 찾았지. 아찔한 벼랑과 지중해 바다가 빚어내는 황홀한 광경에 눈물을 뚝뚝 흘리지는 않았지만, 감동하고 감탄했지.

세계에서 손꼽히는 풍경을 보러 아말피 바닷가를 찾는 사람들 덕분에 지금 아말피는 이슬람과 무역하던 1000년 전만큼은 아니지만 나름 화려한 시절을 보내고 있어. 우리를 만드는 종이 장인들도 더 정성을 들여 종이를 떠내면서 사람들을 맞이하고 있고. 신의 말씀을 담는 그릇이었고 사람의 마음을 움직이는 문장도 담아 보았던 아말피 종이들은 지금 지구 곳곳에서 오는 친구들을 기다리고 있어. 엄숙하고 경건한 사람을 너무 많이 겪어서 그런지 툴툴대는 아이들이 참 좋더라, 나는.

자메이카 어디서든 이 아저씨를 만날 수 있어.
자메이카 음악인 레게를 전 세계에 알린 밥 말리.

리듬을 좀 아는 소년이로구나. 머리에서 어깨를 타고 내려와 손가락 끝으로 이어지면서 몸과 마음을 출렁이는 리듬, 그게 레게지. 헤이, 맨, 자메이카 킹스턴에 온 걸 환영해! 킹스턴에서 어슬렁거리는 걸 보니 밥 말리 형님을 만나러 온 모양이구나. 뒤를 쫓은 건 아니니까 안심해. 킹스턴 항구에서는 뻔하거든. 뽀얀 얼굴에 레게 머리를 하고 있으면 누가 봐도 레게 성지를 방문한 여행자거든. 레게 소년도 봐서 알겠지만 자메이카 사람 열에 아홉은 흑인이잖아. 소년처럼 레게 스타일로 무장한 아시아 사람이면 십중팔구 레게 조상님을 만나러 온 여행자라는 말씀.

나보고 돌덩이냐고 물었니? 헤이, 맨, 반가워. 나는 설탕 덩어리야. 정확하게 소개하면 흑설탕 결정이 뭉쳐 만들어진 덩어리. 맑고 투명하고 곱잖아. 돌덩이와 내가 닮은 데라고는 제멋대로 생긴 모양새 정도인데, 나를 돌덩이라고 오해하는 사람이 꽤 있더군. 이름표를 붙이고 다닐 수도 없으니까 어쩌겠어. 진짜 설탕 결정을 구경도 못 한 사람이 꽤 있구나, 이렇게 이해할 수밖에.

괜찮아, 다 이해한다니까. 레게 소년도 진짜 설탕을 못 봤지? 자메이카 하면 레게와 밥 말리 말고는 모르지? 그래그래, 우사인 볼트를 아는구나. 지구에서 가장 빠른 사람 우사인 볼트까지 알면 자메이카에 대해 다 안다고 자신할 테니, 소년 스타일대로 어깨로 리듬 타며 흥겹게 다니면 되겠어.

흥을 깨서 정말 미안한데, 내 마음에 생선 가시처럼 콱 걸리는 게 하나 있어. 말해도 될까? 고마워, 레게 소년. 그게 뭐냐면 자메이카와 설탕은 구름과 비 같은 관계라고 할까, 핫도그와 케첩 같은 관계라고 할까, 말할 수 없이 가까운 사이야. 그러니까 자메이카를 여행하면서 설탕 이야기를 듣지 않으면 화장실에서 일을 본 다음 뒤처리를 안 한 느낌일 수 있는데, 나랑 이야기 해야겠지?

더워서 밖에 있기 싫다고? 어쩌지, 이건 특별한 더위가 아닌데. 자메이카 날씨가 원래 이래. 적도와 가까운

밥 말리 탄생 기념 우표

데다가 바다에 둥둥 떠 있는 섬이니까 덥고 습하지. 킹스턴은 항구니까 더 말할 것도 없고. 여행 선배로서 한마디 하면, 여행지의 날씨를 즐기는 것도 여행이거든. 단물 한 방울 떨어뜨리지 않는 나를 보면 알겠지만, 여기 날씨는 생명을 위협하지도 않고 말야. 레게 소년만 괜찮다면 킹스턴을 같이 걷고 싶은데, 어때?

설탕이 만든 나라 자메이카

여행 하면 설탕이고, 설탕 하면 여행이니까 레게 소년은 정말 훌륭한 선택을 했어. 자메이카를 만든 설탕과 함께 킹스턴 여행이라니, 행운을 움켜쥔 걸 축하해! 설탕이 어떻게 자메이카를 만들었냐고? 자메이카 땅에 설탕이 묻혀 있냐고? 어느 광산에서 설탕을 캐냐고? 엄청난 질문인걸. 내가 가루 설탕으로 부서질 만큼 충격적인 질문이야. 미안한데, 농담 아니지? 정말로 궁금해서 물었지? 응, 그렇구나. 레게 소년은 정말로 자메이카와 설탕의 관계를 조금도 모르는구나.

아니야, 내가 휘청거리는 건 레게 소년 때문이 아니야. 나는 사람 무시하는 그런 설탕 아니거든. 햇살이 뜨거워서 잠깐 다리가 풀렸을 뿐이야. 자, 중심을 딱 잡고 궁금한 걸 먼저 해결한 다음 여행을 하든 관광을 하든 해야겠지?

레게에 흠뻑 빠진 소년, 설탕은 광산이나 땅속에서 캐는 물건이 아니란다. 넓이 뛰기 하듯이 훌쩍 뛰어서 말하면, 가게 진열대에 있는 설탕은 공장에서 만들어지는데 공장으로 들어가는 설탕 원료는 사탕수수라는 식물 줄기야. 사탕수수를 꾹 짜서 즙을 낸 다음 그걸 끓여 만든 게 설탕이라는 말이지. 많이 놀라는구나. 소년이 광산 어쩌고 할 때 나도 정말 놀랐잖아. 식물인데 자꾸 돌에서 태어났냐고 물으니까 놀라 휘청거렸잖아.

그러니 당연히, 자메이카는 설탕으로 이루어진 섬이 아니야. 자메이카에는 일 년 내내 서늘한 산도 있고 계곡도 있으며 찰랑이는 바다가 섬을 빙 둘러싼 평범한 땅이거든. 이 섬 동남쪽 아래에 수도인 킹스턴이 있고 말이야.

맞아, 내가 그 말을 했어. 설탕이 자메이카를 만들었다고 했지. 맑고 투

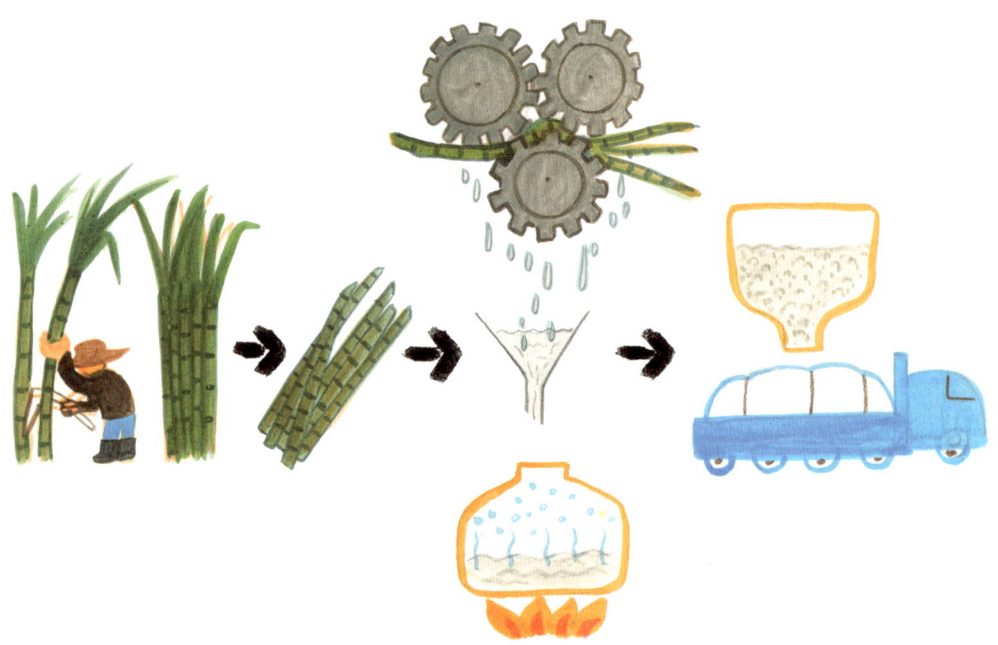

명한 소년은 그 말을 사실로 들었구나. 그건, 말하자면 비유야. 뜻을 분명하게 전하기 위해서 빗대서 하는 말, 비유. 빛처럼 빠른 우사인 볼트, 이렇게 말하는 게 비유잖아. 우리가 아는 가장 빠른 물질인 빛의 속도에 견주어서 볼트가 얼마나 빠른 사람인지 강조하는 말이잖아. 그런데 사실, 빛의 속도와 사람의 속도를 견주는 건 빛을 모욕하는 일이지. 빛은 빨라도 너무 빠르잖아.

설탕이 자메이카를 만들었다고 한 건, 이 섬이 와글와글 복작거리기 시작한 것도, 여기 나라가 만들어진 것도 모두 설탕 때문이거든. 그렇다고 이 섬에 사탕수수가 쑥쑥 자라고 있었던 건 아니야. 섬이 만들어지고 사람이 산 지 1만 년이 넘도록 섬에는 사탕수수가 없었어. 섬에 사탕수수가 뿌리를 내린 건 500년밖에 되지 않았어. 영혼이 자유로운 레게 소년, 혹시 카리브 해를 둥둥 떠다니는 나무 생각하는 거 아니지? 사탕수수는 배에 실려서 왔거든. 여기 킹스턴 항구 아래에 포트로열이라는 항구가 있었는데 거기로 들어왔지. 포트로열에 가자고? 못 가. 그곳은 큰 지진 때 물에 잠겼어.

내가 이 섬에서 벌어진 일을 줄줄 꿰는 이유는 킹스턴 항구에서 수백 년 동안 어슬렁거렸기 때문이야. 보다시피 나는 돌멩이랑 헷갈리는 모양새로 굳어지는 바람에 킹스턴 설탕 공장에서 버려졌어. 곱고 투명한 결정이 아니면 상품 가치가 없으니까 바로 버리거든. 운 좋게 살아남은 뒤, 항구를 떠돌면서 카리브 해의 후끈한 바람과 열기로 나를 단련시켰어. 그 시간이 어언 400년이야. 녹아 없어지는 것과 영원히 사는 것, 기쁨과 슬픔, 우정과 배신이 종이 앞뒤 면처럼 휙휙 뒤집히는 일을 겪으면서 단단해진 설탕 덩어리지. 뭐 그렇다는 거야, 레게 소년. 역사 공부 그런 거 안 하니까 걱정은 날리고 그냥 걷자고. 레게 정신을 느끼러 바다를 건넌 소년은 이미 모험을 시작한 거라고.

그래서 말인데, 자메이카에 사탕수수가 들어온 그때는 모험 가득한 여행의 시절이었다지. 말만 들어도 가슴 뛰는 그 여행. 그때를 대항해 시대라고도 부르던데 알지? 콜럼버스라고 있잖아. 포르투갈에서 출항한 콜럼버스 배가 유럽 사람들은 모르던 새로운 땅에 도착해 유럽이 발칵 뒤집힌 일. 그 시기, 유럽 사람들이 부자가 되려고 너도나도 배를 타고 나갔잖아.

콜럼버스가 도착한 땅이 바로 여기 카리브 해의 섬들이었어. 아메리카 대륙의 잘록한 허리 같은 바다에 점점이 솟은 섬들을 본 콜럼버스는 여기가 인도 서쪽이라고 생각했다지. 서인도 제도라는 이름은 그래서 붙었지. 한번 정한 이름은 사람들 입에 착 달라붙어서 여기는 아직 서인도 제도로 불려. 인도와 아무런 관계가 없는 섬인데 서인도 제도야. 제도, 그거 별말 아니야, 한자로 '여러 제', '섬 도', '여러 섬'이라는 뜻이지.

1492년에 이 섬들을 보고 이듬해 포르투갈로 돌아간 콜럼버스는 다시 이곳을 찾았어. 그때 사탕수수를 싣고 왔대. 사탕수수를 자메이카 섬에 심은 거야. 내일 지구가 망해도 나무를 심겠다는 마음이었는지는 모르겠고, 돈을 벌고 싶은 마음은 확실했어. 사탕수수를 길러 즙을 짠 다음 설탕을 만들어 판다는 계획이었지.

유럽 사람들은 에메랄드처럼 반짝이는 카리브 해 여러 섬에 사탕수수를 심기 시작했는데 그냥 많은 정도가 아니었어. 사탕수수 말고는 자라는 작물이 없을 정도로 빽빽하게 사탕수수만 심었대.

설탕을 얻기 위한 인간 사냥

설탕인 내가 이런 말 하기는 좀 뭣하지만, 그때 킹스턴 항구는 끔찍했어. 그 시절을 생각하면 입이 텁텁하고 머리가 묵직해지면서 몸이 녹아 흘러내리는 기분인데, 이 얘기는 건너뛸까? 콜럼버스와 카리브 해 이야기, 밥 말리 형님과 우사인 볼트 이야기까지 우리가 킹스턴 항구에서 주고받은 이야기가 많잖아. 사탕수수가 섬에 도착한 다음 벌어진 사건을 건너뛰어도 될 텐데……. 그래, 알았어, 꼭 알고 싶다는 말이지? 그럼 한다.

사탕수수를 심고 난 뒤 유럽 사람들은 참 먹먹했대. 이 많은 사탕수수를 어떻게 키워야 하나, 줄기는 누가 자르지, 자른 다음에는 어떻게 즙을 짜나, 사탕수수 즙은 누가 끓이지? 파도 하나를 넘으면 더 높은 파도가 덤벼드는 것만 같아서 아득하기만 했는데 반가운 소식이 전해졌다지. 공짜로 부릴 사람을 데려와 농사를 짓고 설탕을 만들게 하면 모든 문제가 해결된다는 것이지. 그래 그거야, 노예를 사 오자는 말이었어. 대서양을 사이에 두고 아메리카 대륙과 마주 보는 땅 아프리카에서 사람을 사 와 부리자는 것이었어. 누구 하나 망설이지 않아 일이 바로 시작되었대.

설탕 만드는 일을 할 사람들이 카리브 해에 도착한 건 1500년 무렵부터고, 나는 설탕이 무더기로 쏟아지던 시절에 킹스턴 항구에 버려진 설탕 덩어리잖아. 내가 태어나기 훨씬 전부터 아프리카 사람들이 배에 실려 카리브 해에 도착했다는 말이니까, 나는 대륙과 섬이 이어지는 역사의 현장을 못 보았어. 그렇지만 설탕 만드는 사람들에게 이런저런 이야기를 들어서 잘 알지. 소름이 끼칠 정도로 끔찍한 이야기라 갑자기 추워질 수도 있고 무서워서 밤에 잠이 안 올 수도 있는데 괜찮겠니? 그렇구나, 알았어.

아프리카에서 사람을 사냥해서 배에 실었대. 사자나 호랑이를 잡듯이 사람을 사냥했다는 거야. 설탕이나 소금 포대를 배에 싣는 것처럼 차곡차곡 사람을 겹쳐 실었다는 거야. 사냥한 사람을 실은 배는 카리브 해에 접어든 다음, 사탕수수가 빽빽하게 자라는 섬에 닻을 내리고 사람들을 떨구었다지. 그 섬들이 지금 자메이카와 쿠바, 아이티와 도미니카공화국 같은 나라들이야.

그 다음에 벌어진 일은 레게 소년이 아는 대로야. 섬에 먼저 도착한 유럽 사람들은 아프리카에서 온 사람들을 노예로 부리기 시작했지. 똑같은 사람인데 누구는 죽어라 일만 하고, 누구는 배만 불리는 연극 같은 상황이 섬 곳곳에서 펼쳐졌어. 그런데 현실은 더욱 애달픈 비극이었어. 유럽에서 온 백인 감독관이 채찍을 들고서 흑인 노예들에게 일을 시켰지. 그것도 엄청나게 많은 일을 빠른 시간 안에 끝내라고 재촉하는 바람에 노예들은 맞아서 죽고 일을 하다가 죽었대. 그리고 손이 잘렸다지. 사탕수수 즙을 짜는 기계가 있었는데 이 기계가 종종 사람 손을 빨아들였거든.

그렇게 짜낸 즙을 펄펄 끓이면 설탕이 되었는데 노예들이 죽어 나가도 농장과 공장은 멈추질 않았어. 일하던 사람이 죽었는데 어떻게 그럴 수 있냐고? 왜냐면, 노예는 계속 왔거든. 아프리카 서쪽 바닷가에서 출항하여

　대서양을 건너 카리브 해에 도착하는 노예선은 끊이질 않아서 일할 사람은 언제나 넘쳐났거든. 노예사냥과 노예 매매는 1600년대와 1700년대를 지나 1800년대까지 계속되었는데 설탕 때문에 끌려온 아프리카 사람이 90만 명쯤이었다지. 이 중에 절반 정도가 자메이카 섬에서 노예가 되었대. 너무 많다고? 그런데, 그게 말야. 배를 타고 오다가 카리브 해에 던져진 사람도 꽤 많대.

　레게 소년, 내 말이 사실이지? 자메이카는 정말 설탕

이 만들었지? 순전히 설탕 때문에 사냥을 당하고, 오로지 설탕 때문에 섬으로 끌려온 흑인들이 지금 자메이카 사람들의 조상님이야. 설탕을 만들려고 사탕수수만 심었던 땅에서는 지금도 사탕수수가 자라고 있어.

설탕을 얻으려던 유럽 사람들은 자메이카를 서로 차지하려고 전쟁을 벌였어. 그 결과 스페인 사람들이 주인 노릇을 하다가 영국 사람들이 새로운 주인이 되었으니까 자메이카 사람들이 영어를 쓰는 것도 설탕 때문이라고 할 수 있지. 지금 자메이카의 주인은 아프리카에서 끌려와 노예로 살아온 흑인들이야. 주인 행세를 하던 백인들을 1962년에 내보내고 독립을 선포했거든.

그럼 나라 이름 자메이카는 아프리카 말이냐고? 아니, 이 섬의 원주민이었던 인디언 말이야. '샘이 솟아나는 땅'이라는 뜻이래. 자메이카에는 산이 많아. 산맥에서 흘러나오는 물이 강이 되어 흐르다가 지하로 스며들어 곳곳에서 솟아나거든. 여기저기에 샘솟는 물이 많아서 '자메이카'.

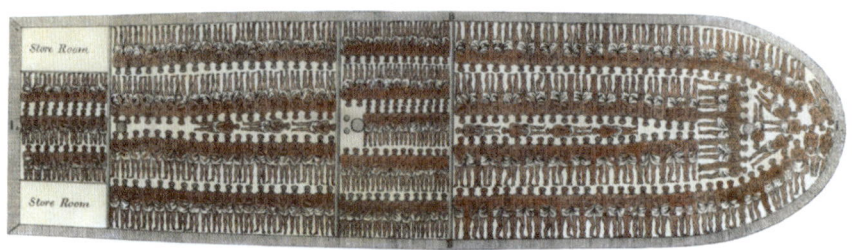

흑인 노예들을 빼곡히 실은 노예선

설탕은 신이 준 선물

이상하지? 설탕은 먹으면 좋고 안 먹어도 그만인데 그걸 만들어 팔겠다고 이렇게까지 했을까 싶지? 콜라, 치킨과 요구르트, 뭘 먹어도 단맛이 나잖아. 특별하지도 귀하지도 않은 음식이 설탕인데 그것 때문에 사람을 사고팔았을까 싶지? 사람들이 나 때문에 벌이는 온갖 일을 보면서 사실 나도 한숨이 나왔어.

그런데 유럽은 달랐더라고. 300년 전쯤, 유럽 귀족에게 설탕은 귀족 증명서 같은 물건이었지 뭐야. 식탁에 설탕 그릇 하나쯤 있어야 품격 있는 귀족 같았고, 설탕을 넣은 음식을 먹어야 삶이 깊고 화려해지는 것 같았다지. 유럽 귀족에게 설탕은 먹을거리가 아니라 삶의 질을 결정하는 기준이면서 문화였던 거야.

꽈배기에 묻은 설탕을 털어 버리는 사람이어서 이해할 수 없다고? 그럴 거야. 달콤한 맛이 넘쳐나는 세상이니까 설탕을 아낀 유럽 귀족의 마음을 헤아리기는 힘들겠지. 그런데 말야, 지구에 등장하는 순간부터 설탕은 특별한 물건이었어. 신에게 바치는 제사 음식이 불에 타는 바람에 실수로 만들어진 것이었거든.

오래전 인도 사람들은 신이 연기를 좋아한다고 생각했대. 그래서 정성스럽게 차린 제물을 불에 태우면서 기도를 했다지. 며칠 후, 제단을 정리하러 온 사람은 사탕수수 즙이 불에 졸아 생긴 달콤한 물질을 맛보았어.

바로 설탕이었어.

　신이 인간에게 준 선물처럼, 기도를 하다가 발견했으니 설탕이 얼마나 신비로워 보였겠니? 설탕은 아라비아 반도에 전해졌고, 독특하고 신비로운 매력으로 그 인기는 높아졌어. 아라비아 상인들에 의해 설탕이 유럽으로 건너간 다음에도 여전했어.

　아라비아 상인들이 비단과 도자기, 후추와 설탕 같은 동방의 물건을 유럽 사람들에게 팔았거든. 그 덕분에 유럽 사람들은 몸과 마음, 입과 눈을 즐겁게 하는 설탕을 먹을 수 있었는데 정말 놀랍게도 먹으면서 이런 상상을 했대. 아시아 강물에 설탕과 후추가 둥둥 떠 있는 상상. 아시아 사람들이 강물에서 후추, 설탕 같은 향신료를 건져 올리는 모습을 떠올린 건데, 정말로 그렇게 믿었다지 뭐야. 소년도 웃는구나. 설탕을 강물에서 건진다

생각하다니, 나도 한참을 웃었는데 웃다 보니 뭔가 찡해. 설탕을 얼마나 많이 먹고 싶었으면 그런 상상을 했을까?

설탕은 유럽에서 약으로도 쓰였어. 몸과 머리를 부드럽게 어루만지고, 부글거리는 배 속을 편안하게 다독이며, 목을 시원하게 하는 데 쓰였지. 게다가 후추와 생강이 음식 맛을 깔끔하게 정돈했다면 설탕은 음식 맛에 깊이를 더했으니 얼마나 탐났겠니? 그래서 다들 구하고 싶어 하는 물건이 설탕이었던 거야. 이게 사탕수수 즙을 꾹 짠 다음 펄펄 끓여야 나오니까 언제나 부족했고 늘 비쌌지.

없어서 못 파는 물건이 설탕이니까 유럽 사람들은 더욱 더 설탕을 먹고 싶었다는 말이야. 그래서 콜럼버스가 새로운 땅을

찾자마자 사탕수수를 심은 거야. 설탕을 마음껏 먹는 넉넉한 삶을 꿈꾸면서, 또 설탕을 팔아 부자가 되는 꿈을 꾸면서 사탕수수를 심었던 것이지. 그래서 자메이카 섬은 사탕수수만 자라는 땅이 되었어. 사람이 살고 땅도 살기 위해서는 이 땅에서 자라던 콩과 옥수수, 감자 같은 다양한 작물이 필요했겠지. 그렇지만 유럽 사람들은 자메이카 섬에서 자라는 여러 작물을 모조리 없앤 다음, 섬 구석구석에 오로지 사탕수수만 심었던 것이지.

설탕을 지키는 캐리비안 해적

어떻게 되기는, 당장은 좋았지. 사탕수수가 잘 자라서 즙을 많이 짤 수 있었고 그걸로 설탕을 잔뜩 만들었으니 말이야. 다양한 작물이 자라면 땅이 건강해지고 땅이 건강하면 사람과 동물이 먹는 곡물과 과일이 튼실해져. 좋은 일이 연거푸 일어나면서 세상이 아름다워지지. 하지만 섬에 온 유럽 사람 가운데 그런 세상을 꿈꾸는 이는 없었어. 당장 설탕이 필요하고, 눈앞에 돈이 급하니까 땅이야 어떻게 되든 말든 사탕수수만 잔뜩 심은 것이지. 사람이 먹고 자고 일하고 놀면서 살아갈 땅이라고 생각했으면 사탕수수 한 가지만 남기지는 않았겠지.

설탕을 다 만든 다음에 벌어진 일도 좀 우스꽝스러웠는데 이때 해적이 등장해. 진짜 해적. 나무다리를 달고 다니면서 외팔로 칼을 휘두르는 그 해적 말이야. 캐리비안 해적이라고 레게 소년도 들어 봤지? 캐리비안이 여기 카리브 해잖아. '카리브 해의'라는 영어 단어가 캐리비안(Caribbean)이니까 영화에도 등장하는 유명한 해적들이 보물을 빼앗으려고 칼싸움을 했던 장소가 바로 여기라는 말이지.

레게 소년이 잘 알겠지만, 해적은 직업이야. 훔치는 일을 전문으로 하는 도적인데 바다를 누비면서 일을 하니까 해적이지. 종알거리는 앵무새에게 칼을 휘두르는 건 아마추어 해적이나 하는 일이고, 프로 해적은 뺏고 싶은 물건의 주인에게 칼을 휘두르지. 카리브 해 해적들은 보통 반짝거리는 은을 훔치려고 칼을 휘둘렀어. 해적선 '앤 여왕의 복수'를 타고 킹스턴 항구 앞바다를 누빈 해적들도, 스페인 배를 공격해서 은을 훔쳤지.

앤 여왕이 해적 두목이냐고? 그게 좀 애매해. 앤은 정말로 여왕이었거든. 영국 여왕. 영국 땅에 사는 사람뿐 아니라 대서양 건너 아메리카에 온 영국인 모두를 백성으로 둔 여왕이었어. 카리브 해 해적도 앤의 백성이었지. 그럼 여왕이 해적을 거느린 두목이나 마찬가지 아니냐고? 그렇게 볼 수도 있지만, 여왕이 직접 해적선을 탄 건 아니니까 딱 잘라 말하기는 어려워.

두목이 누구든 해적 이야기는 신나지 않니? 지금은 나도 신나서 이야기하지만 처음에 많이 놀랐어. 해적들의 본부인 이곳에, 갈고리 손을 휘젓는 해적들이 불쑥 나타날 때마다 심장이 멎는 것 같았지. 무서운 나머지 섬을 떠날까, 산에 들어가 숨어 지낼까 궁리를 했어. 그러면서 해적선과 해적들의 움직임을 꼼꼼하게 확인했어. 말하자면 적의 동태를 살핀 것이지. 그렇게 지내던 어느 날, 나는 해적의 진짜 임무를 알아버리고 말았어. 글쎄 말이야, 설탕 지키기였어. 스페인 배에 실린 은 훔치기는 진짜 임무를 가리기 위한 위장술로 보였지.

정말 그렇다니까. 설탕을 해적들이 지킨 거야. 킹스턴 항구에 차곡차곡 쌓인 설탕들은 배에 실려 유럽으로 갔는데, 이 배들이 카리브 해를 무사히 빠져나갈 수 있도록 지키는 일을 해적들이 한 것이지. 나와 같은 설탕을

위해 철렁대는 파도에 당당히 맞선 거야. 소년도 알다시피 그때 설탕은 귀중품이었잖아. 여왕을 섬기는 백성으로서 여왕님이 사랑하는 물건이자 영국 재산인 설탕을 지키는 건 당연한 일이었다고 할 수 있어. 그렇지만 내 눈으로 설탕을 보살피는 현장을 보니까 뭉클하더라. 설탕을 지키고 남는 시간에 은을 훔쳤다고나 할까, 뭐 그런 비중으로 일을 하신 분들이 킹스턴 항구의 해적이지.

고된 일을 마친 다음에는 럼주라는 술을 마시면서 잠을 청했어. 설탕을 만들고 남은 찌꺼기를 증류한 술이었어. 유럽 사람들이 해적 섬이라고 부

르는 자메이카의 1700년대 풍경은 대략 이러했지. 설탕과 해적과 은이 있는 카리브 해 풍경, 멋지지 않니?

씁쓸한 설탕

유럽 사람들은 설탕 먹다가 질렸겠다고? 그럴 법도 했는데 설탕 판매는 줄지 않았대. 왜냐면 말야, 어쩌다 먹었던 설탕이 날마다 먹어야 하는 식품이 되었기 때문이래. 1700년대 말부터 유럽 사람들은 아침에도 설탕, 점심에도 설탕, 저녁에도 설탕을 먹는 삶을 시작했다는 거야.

유럽 중에서도 특히 영국 사람들이 설탕을 어마어마하게 먹었는데 1800년대 초반에 영국 사람 한 명이 1년에 먹는 설탕이 8킬로그램 정도. 이건 사과 한 상자 무게니까 엄청나. 킹스턴 항구에서 설탕을 실어 나르는 사람들에게 들었는데, 영국에 단 음식만 골라 먹는 편식쟁이가 많았던 건 아니래. 설탕을 먹어야 살아갈 수 있는 사람들이 많아서 그랬다는 거야.

레게 소년, 산업 혁명이라고 들어 봤지? 사람은 기계를 도울 뿐 기계가 사람 대신 일을 해서 똑같은 물건이 왕창 쏟아진 사건 말야. 그래서 지구 사람들은 똑같은 옷을 입고 똑같은 이불을 덮는 충격적인 세상을 맞이하였지. 물건을 만드는 방법이 사람 사는 모습과 방식을 통째로 바꾼 이 일을 산업 혁명이라고 부르잖아. 1700년대 말쯤에 산업 혁명이 영국에서 시작되었고 많은 사람들이 공장에서 일을 했어. 공장 노동자들은 기계의 움직임에 몸과 시간을 맞추어 일해야 했지. 기계가 쉴 때 아주 잠깐 쉬었고 밥도 재빨리 먹어야 했어. 이들의 휴식과 허기를 달래 준 것이 바로 나, 설탕이었지. 따뜻한 차에 설탕을 넣어 마셨는데 그럼 아주 빨리 기운을 차릴 수 있었대. 말린 귀리 가루에 설탕을 듬뿍 뿌려 식사를 하면 피로와 졸음이 훌훌 날아갔다지. 그래, 맞아. 설탕은 노동 보조 식품 같았어.

그 이야기를 들으면서 기분이 오르락내리락 종잡을 수 없더라. 지친 사람에게 힘을 주는 설탕 이야기 같아서 처음엔 신이 났지. 그런데 곰곰 생각하니까 정신 차리고 일하기 위해서 먹는 설탕 맛이 어땠을까 싶어. 살기 위해서 먹는 약과도 같은 설탕이 달콤했을까 싶어. 아무 맛도 아니거나 씁쓸한 맛이었을 것 같았지. 생각이 이렇게 오르락내리락 하니까 있으면 좋지만 없으면 더 좋은 물건이 설탕 아닌가 싶어서 사라지고 싶더라고. 그때, 흥겹게 물결치다가 갑자기 뚝뚝 끊어지는 레게 선율을 듣지 않았다면 나는 지금쯤 물거품이 되어 카리브 해를 떠돌고 있을지 몰라.

레게 음악이 나를 붙잡았어. 리듬이 갑자기 뚝 끊어지는 순간 소용돌이치던 나쁜 생각이 멈추지 뭐야. 신기했지. 내 영혼이 음악을 따라 춤을 춘다는 느낌이 들었어. 잠깐 멈춘 리듬이 다시 살아났을 때는 내 생각의 방향이 틀어져 있었어. 지친 사람을 위로한 설탕은 훌륭하다는 생각이 들면서 다시 흥겨워졌는데, 이 상태는 음악이 다시 뚝 끊길 때까지였어. 리듬이 다시 멈춘 그 순간에 내 머릿속에는 사람을 일터로 내모는 잔인한 설탕

이 떠올랐거든. 힘들더라. 음악을 들으면서 롤러코스터를 타는 것 같은 시간을 보낸 다음 모든 소리가 멈추고 사방이 평화로운 순간이 왔어. 정말 신기했지. 사람들이 흔히 하는 말로, 목구멍에 콱 박힌 생선 가시가 빠져나간 느낌, 뭐 그런 개운한 기분이었거든.

　레게 음악에 위로를 받았냐고? 글쎄, 뭐가 먼저인지는 모르겠어. 설탕을 만들기 위해서 아프리카에서 끌려온 사람들이 펄펄 끓는 사탕수수 즙을 휘휘 젓다가 만든 음악이 레게잖아. 뜨거운 태양 아래서 사탕수수 줄기를 뚝뚝 베다가 고향이 그리워서 문득 손을 멈추고 만든 음악이 레게잖아. 설탕에 밴 울컥하는 마음이 레게에도 스며들어 뚝뚝 끊기는 레게 리듬이 탄생했다고 나는 주장하지만, 믿는 것은 소년 마음이야. 그리하여 결론은, 누가 누구를 위로했는지 알 수 없다는 것.

뚝뚝 끊기는 리듬 속에 걱정과 근심과 슬픔을 꾹꾹 눌러 넣었는지 레게 음악은 평화롭고도 애절하더라. 레게 소년, 이제 우리 시내로 갈까? 킹스턴 시내에서, 온 세상에 레게 음악을 알린 밥 말리 형님의 흔적을 쫓으며 레게 리듬에 빠져 보자고.

고개를 완전히 젖혀야 겨우 눈에 담을 수 있는 이 건물이 홍콩상하이은행 본점이야.
홍콩 중심가에 빼곡히 들어선 고층 건물 중에서도 단연 돋보이지.

어때, 쉽지? 해 보니까 별 거 아니지? 그런데, 너 정말 대단하다! 낯선 나라에서 영어로 된 주소를 들고 건물을 찾는 건 엄청 어려운 일이거든. 내 사진이 담긴 지도를 들고 땀 줄줄 흘리면서 두리번거리는 모습을 내려다봤어. 길을 잃으면 어쩌나, 걱정하면서 보는데 네 입꼬리가 쑥 올라가더라고.

'퀸즈로드 센트럴(Queen's Road Central)'이라고 적힌 안내판 앞에서 웃는 모습을 보고 네가 해낸 걸 알았어. 내가 있는 센트럴 퀸즈로드 1번지는 어디로 가면 나오는지 감을 잡았구나 생각했지. 영어 주소는 작은 단위부터 적으니까, 길 이름인 퀸즈로드가 먼저 나오고 동네 이름인 센트럴이 그 다음에 나오잖아. 그걸 확인하고 씩 웃은 거 맞지? 어쨌든 축하해! 나를 만나러 홍콩 섬의 중심, 센트럴에 온 어린이를 환영하네!

어때? 사진보다 실물이 낫지? 조명을 켠 밤에도 멋지지만 낮에 봐도 꽤 괜찮지? 화려하고 아름다운 건물이 동에 번쩍 서에 번쩍 하는 홍콩 항구에서도 유난히 돋보이는 건물 앞에 지금 서 있으니까 우쭐해도 괜찮아. 참, 이것보다 중요한 사실이 있는데, 너는 지금 살아 있는 홍콩의 역사와 이야기를 나누고 있다고. 두리번거릴 필요 없네, 친구. 바로 나야. 살아 있는 홍콩의 역사 HSBC 본점 건물.

국제 도시 홍콩 항구에 어울리는 영어 이름 같지만 사실 내가 영어 알파벳 머리글자인 HSBC로 이름을 바꾼 건 얼마 전이야. '홍콩상하이은행(The Hongkong and Shanghai Banking Corporation)'이 내 원래 이름이라고 할 수 있지. 여기 홍콩과 저기 상하이를 중심으로 금융업을 한다는 야심찬 목표로 만들어진 회사가 홍콩상하이은행이고, 나는 이 은행의 본점이자 첫 영업장이자 점포이자 사무소의 건물이야.

맞아, 기껏 은행 주제에 역사 어쩌고 하는 거야. 대한민국의 웬만한 도시 큰 네거리에서 오른쪽 모퉁이를 돌면 은행 또 은행 또 또 은행이고 아파트 숲 사이사이에도 은행이 수두룩하다니까 기껏 은행이냐고 할 만해. 홍콩 한복판에 있다고 '은'행이 '금'행이 되는 건 아니지만 나는 정말로 역사가 깃든 특별한 건물 맞아.

처음 보는 건물 말을 어떻게 믿을 것이며, 내 뼈대를 이루는 강철 때문에 첫인상도 차갑겠지만 일단 믿고 시작하면 어떨까? 전 세계 80개가 넘는 나라에서 수천 만 명이 나를 믿고 돈을 맡기거든. 믿을 만하니까 100원이든 100만 원이든 맡기는 거 아니겠니? 내가 은행 일을 시작한 지 벌써 150년이니까 그동안 나를 살피고 둘러보고 뒤집어 본 사람들이 나를 믿는다는 말이야. 속임수에 능한 사람이 자주 하는 말이어서 좀 그렇지만, 속는 셈 치고 일단 믿어도 좋아.

향기 나는 항구

나 홍콩상하이은행의 역사를 들으려면 약간의 준비가 필요해. 수첩과 연필, 휴지 한 두루마리와 손수건 한 장을 준비하는 게 좋겠어. 우황청심환 같은 거 있으면 가져오고 없으면 생수도 괜찮아. 그리고 가장 중요한 마음의 준비. 세상에 이런 일이 있을까 싶은 속임수와 폭력이 난무하는 이야기거든. 담담한 마음을 준비해야 하는데 혹시 정의롭지 않은 걸 보면 나도 모르게 주먹을 불끈 쥔다거나 비위가 약하다면, 몇 년 후에 책으로 읽는 걸 추천해. 아니야, 19세 이상은 아니니까 걱정 마. 전 연령 청취 및 독서 가능이야.

서론이 너무 길어서 미안한데 하나만 더. 혹시 홍콩이 도시인지 나라인지 헷갈리니? 그런 사람이 있을까 싶었는데 있더라고. 내가 서 있는 여기 홍콩이 섬나라라고 말하는 어린이를 봤어. 알지? 홍콩은 지금 중국에 속하는 도시야. 그래 그래, 중국인데 왜 영어를 쓰느냐고 묻는 건 당연해. 그런데 그 이야기는 좀 이따.

홍콩에는 향나무가 많이 자랐대. 그래서 이름에 '향기 나는 항구'라는 뜻이 담긴 홍콩은 중국 대륙 동남쪽 끝에 닿을락 말락 떨어져 있는 섬이야. 홍콩 섬과 마주 보는 땅 이름은 주룽 반도인데, 반도가 뭔지 알지? 땅을 대충 네모라고 생각한 다음 세 군데가 바다에 닿으면 반도라고 부르는 거. 대한민국이 있는 땅 이름은 한반도잖아.

아무튼, 1800년대에 이 땅에는 청나라가 있었으니까 홍콩도 청나라에 속했지. 그때 청나라는 세계 최고의 인기 상품인 차와 비단과 도자기를 생산하는 나라여서, 세계 여러 나라 사람들이 너도나도 청나라 바닷가에 오고 싶어 했대. 그런데 청나라 정부는 항구 딱 한 곳만 열어 놓고 외국 사람들을 맞았어. 용건이 있으면 청나라 동쪽 바닷가인 광저우 항구로 오라고 한 거야. 그리하여 전 세계가 청나라 물건에 열광했던 시절에도 홍콩 섬을 비롯한 청나라 모든 바닷가는 조용하고 고요했다고 해.

맑고 단단한 얼음판 같던 청나라에 쨍 하면서 금이 가기 시작했는데 모든 건 은 때문이었어. 은행이라는 말에도 들어 있는 그 은 말이야, 영어로 실버. 1800년대 초반에는 나라와 나라가 물건을 사고팔 때, 그러니까 무역을 할 때 은을 사용했거든. 나라마다 쓰는 화폐가 다르니까 헷갈리지 않게 은을 공통 화폐로 쓰자고 약속한 거야.

시장 놀이 해 봐서 알겠지만, 장사를 하려면 주고받는 재미가 있어야 하잖아. 그런데 영국 상인들은 정말 재미가 없었대. 차와 비단과 도자기 같은 청나라 물건을 왕창 샀지만 청나라에 아무것도 못 팔았거든. 세상에서 귀하고 좋은 것 모두를 가지고 있는 청나라였으니까 영국 상인에게 살 만한 물건이 없었던 거야. 재미도 재미지만 돈을 못 버니까 영국 사람들의 마음속은 날마다 비가 오는 것처럼 축축했대. 줄어 가는 은을 보면서 청나라 사람들을 원망하던 어느 날 문득이었겠지? 영국 사람들은 드디어 청나라에 팔 물건을 생각해 냈어.

청나라에 뭐라도 팔 수만 있다면….

아편 천국이 된 청나라

자, 지금이야. 담담한 마음을 준비해야 할 시간.

그게 말야, 영국 사람들이 청나라에 판 물건이 마약이었다는 거야. 힘든 현실을 느끼지 못하게 감각을 잠깐 마비시키는 약, 마약. 이게 한 번 먹으면 자꾸 먹고 싶은 중독성이 있어. 영국 사람들은 양귀비라는 식물을 키운 다음 그 열매로 중독성 강한 아편을 만들었어. 그런 다음 배에 싣고 청나라 항구에 왔지.

영국 사람들의 시장 예측은 정확하게 들어맞아서 청나라는 순식간에 아편 소굴이 되었어. 아편 중독자가 넘쳐났고 나랏일이 돌아가지 않았어. 다들 환각에 빠져 나라가 환상 속으로 사라질 지경인데 가만히 있으면 황제

도 아니잖아. 청나라 황제는 임칙서라는 관리에게 대책 마련을 지시했는데, 이분이 좀 과감하고 결단력 있고 그랬나 봐. 임칙서는 먼저, 영국 빅토리아 여왕에게 아편 수출을 중단하라는 편지를 보냈어. 하지만 아무런 답과 변화가 없자 직접 행동하기로 했지. 1839년이었는데 항구에서 아편 2만 1000상자를 압수한 다음 바다로 던져 버렸다지. 그리고 영국 상인들에게 아편을 가져오지 않겠다는 서약을 하도록 했대.

영국의 아편 판매와 청나라의 아편 버리기 모두 거짓말 같지? 그럴 거야, 믿기 힘들 거야. 그런데 세상은 우리가 상상하는 것보다 멋지기도 하지만 잔인할 때도 있거든. 계속할까? 이제부터는 좀 애매하니까 정신 바짝 차려야 해.

아편은 나라를 망치는 몹쓸 물건이고 수입을 금지한 물건이어서, 청나

라는 자기 땅에 들어온 아편을 모두 버렸잖아. 그런데 영국은, 아편은 수출품이고 남의 나라 물건을 함부로 버린 건 법을 위반한 범죄라고 주장했지. 이 정도로 의견이 다르면 대화로 문제를 해결하기 힘들어. 그럼 다음 순서는? 맞아, 전쟁이야. 영국 의회는 청나라와 전쟁을 할지 말지 토론을 한 다음 전쟁 찬반 투표를 했는데 결과가 아슬아슬했어. 271 대 262. 찬성이 9표 많았어. 숫자를 찬찬히 보면, 영국 사람들이 생각하기에도 아편은 좀 께름칙하고 부끄러운 물건이었던 것 같지?

어떻게 그런 걸 다 아냐고? 대단하다고? 뭘, 이 정도쯤이야. 나는 숫자를 보고 사람의 마음을 읽고 지구의 미래를 가늠하는 은행이잖아. 찬반 투표 숫자쯤이야 아주 쉽게 해석할 수 있어.

아편으로 홍콩을 차지한 영국

전쟁을 하려면 무기도 준비해야 하고 무엇보다 무기와 군대를 싣고 올 군함도 만들어야 하니까 시간이 좀 걸려. 영국 군대가 청나라 땅에 도착한 건 1840년 6월이었는데, 함선 48척과 병력 4000여 명이 여기 청나라 땅 홍콩 섬에 짐을 풀었어. 이건 청나라를 공격하기 위해서 청나라의 섬 하나를 무단 점령한 범죄였지만, 영국이 전쟁에서 이기면 아무 문제가 아닐 일이었지. 세상을 10년 넘게 살아 봐서 알겠지만, 역사책을 보면 힘이 곧 정의일 때가 종종 있잖아. 어쨌거나 한적한 홍콩 바닷가가 전쟁 기지로 완벽하게 변신하면 영국의 공격이 곧 시작될 터였어.

환상을 보게 해 준다는 아편 때문에 나라의 모든 기능이 마비되다시피 한 청나라와, 1년 동안 꼼꼼하게 준비를 해서 공격을 시작한 영국. 두 나라의 전쟁 결과는 좀 뻔하지 않니? 전쟁에서 진 청나라의 운명은 참 가혹했어. 그런데 잠깐, 벌써 흥분하면 내가 보고 겪은 일을 솔직하게 다 털어놓을 수가 없잖아. '아편 전쟁'이라고 불리는 이 전쟁은 새로운 지구 질서가 만들어지는 시작에 불과했거든.

일방적인 공격으로 압도적인 승리가 확실해지면서 청나라와 영국은 조약 맺기만 남겨 두었어. 전쟁으로 생긴 피해와 손해는 누가 어떻게 보상하며, 싸움을 끝낸 다음에는 무슨 일을 할 것인지 꼼꼼하게 적어서 약속하는 걸 조약이라고 하지. 그러니까 전쟁의 마지막 순서가 조약 맺기야. 홍콩 섬에서 전쟁을 시작했던 영국군은 중국의 참 오래된 도시 난징에서, 정확히는 근처 양쯔강 하구에 세워 둔 영국 군함에서 청나라와 조약을 맺고 도장을 찍었어. 이 조약을 난징 조약이라고 불러.

완전히 진 청나라는 영국에 많은 것을 주겠다 약속했어. 같은 반 친구랑 싸워도 진 사람이 이긴 사람이 원하는 거 다 들어주잖아. 전쟁의 끝도 싸움의 끝이랑 비슷하다 할 수 있지. 영국이 원해서 청나라가 준 것 중에 하나가 홍콩 섬이었어. 홍콩을 진지로 삼아 전쟁을 해 보니까 정말 좋았거든. 청나라의 무역 항구로 가기에도 좋고 육지와도 닿을락 말락 가까워서

드넓은 중국 내륙으로 가기에도 딱이었지. 무엇보다 엄청나게 많은 물건을 싣고 온 배가 머무를 수 있는 항구니까, 홍콩은 아주 좋은 창고가 되겠다 싶었어.

홍콩 섬을 영국에 준다는 말이 조약서에 또렷이 있었는데, 정확하게 말하면 '영구 할양'이라고 적었어. '영구'는 끝이 없다는 말이고 '할양'은 땅이나 물건을 떼서 남에게 주는 걸 말하니까, 홍콩 섬을 청나라가 영국에게 영원히 주겠다는 약속이었어.

그런데 말이야, 아편 때문에 치른 전쟁 결과를 담은 조약서에는 아편이라는 단어는 한 번도 안 나오고 영국이 청나라에게 뭘 준다는 내용도 없었어. 청나라가 영국에게 전쟁 배상금을 주고, 청나라는 항구 다섯 곳을 개방한다는 내용만 꼼꼼하게 적혔다지.

맞아, 계산에 정확한 내가 보기에도 불공평한 조약이 틀림없었어. 전쟁의 원인은 아편이니까 부끄러운 상품을 판 영국에게 전쟁 책임이 있겠지. 그럼에도 청나라가 영국에 돈을 주고 땅도 줘야 하는 결과가 되어 버린 것이지. 결과가 과정을 정의롭게 만든 사건이라 할 수 있고, 힘이 곧 정의가 되는 현실을 보여 준 사건이라고 할 수 있겠어. 그리하여 홍콩 섬은 난징 조약에 따라 영국 땅이 되었다는 결론이야.

아까 영어 이야기했지? 중국 땅이라면서 왜 영어를 쓰느냐고 물었잖아. 그 이유가 홍콩을 점령한 영국 때문인 거 이제 알겠지? 그리하여 홍콩에 사는 사람들은 영어와 중국어를 모두 국어처럼 쓰게 되었지.

영국이 홍콩 섬을 차지하는 것으로 문제가 마무리되는 것 같았지만 청나라는 계속 안녕하지 못했어. 얼마 전까지 세계 최고의 부자 나라이자 문화 강국이었던 청나라가 흔들리는 모습을 보이자, 이때다 싶었는지 한 몫 챙기려는 사람들이 너도나도 모였거든. 다들 청나라에 눈독 들이며, 혹여나 영국 혼자 차지할까 봐 서로서로 감시하는 시절이었다고나 할까? 힘센 나라끼리 치열한 경쟁이 시작되었고 홍콩 섬의 운명도 다시 결정되었어.

1898년에 영국은 홍콩을 비롯한 청나라 남쪽의 섬과 땅을 앞으로 99년 동안만 빌리겠다고 했어. 99년이 지난 다음에 중국에게 돌려주겠다는 약속이었지. 1898년에서 99년을 더하면 1997년인데, 그때 나는 1997년이 지구에 정말 올까 싶었어.

돈이 돈을 낳는 가게, 은행

내가 홍콩 바닷가에 우뚝 선 때는 1865년이었어. 시작은 참 소박했지. 항구를 드나드는 배들을 모두 볼 수 있는 홍콩 섬 북쪽, 퀸즈로드 1번지에 자리 잡은 건물이니까 초라하지는 않았지만 화려하지도 않았거든. 참 알뜰한 출발이었지. '홍콩상하이은행'이라고 적힌 아담한 영어 간판이 아니었으면 사람들은 내가 여기 있는지조차 몰랐을 거야. 간판이 작아서라기보다는 그때 홍콩 항구가 워낙 오밀조밀 복작복작했거든. 난징 조약으로 영국 땅이 된 지 20년이 지나자 영국 사람이 청나라 사람보다 많아졌어. 섬에서는 세계 곳곳에서 배를 타고 들어온 사람들이 달그락달그락 뭔가를 하고 있었어. 대개는 항구에 쌓인 물건을 살피는 일이었지.

늘 새로운 물건과 소식이 넘쳐나는 홍콩 항구였으니까 낯선 가게가 생겼다는 소식은 별 관심을 끌지 못했지. 관심은커녕 지구에서 돈이 될 만한 일은 웬만큼 안다는 상인들도, 새로운 가게 이야기를 듣고는 고개를 갸웃거리는 통에 내 얼굴이 빨개질 정도였어. 그런데 사실, 그런 반응은 당연했어. 창고도 없고 물건도 없는 가게였거든. 사람 얼굴 하나가 들락거릴 수 있는 창구만 달랑 하나 있는데 여기서 어떻게 돈이 만들어지는지 나도 참 궁금했어.

나 홍콩상하이은행은 당시로서는 드물고 낯선 가게였어. 유럽 사람들이 뱅크(Bank)라고 부르는 영업장이 지구에 등장한 건 좀 되었지만 홍콩에서, 아니 아시아에서 뱅크는 내가 처음이었거든. 돈을 맡아 준 다음 달라고 할 때 내주는 곳이 뱅크였고, 돈을 빌려준 다음 웃돈을 얹어서 돌려받는 곳이 뱅크였지. 돈이 돈을 낳는 신기한 가게가 뱅크라고 할 수 있고, 돈이라는 물건을 팔아 돈을 버는 가게가 뱅크라고 할 수 있지.

영국 땅이 된 홍콩에서 생활하던 청나라 사람들은 뱅크를 은행이라고 불렀어. 은이 오가는 가게라는 뜻이었지. 내가 세워진 1865년에 이곳 사람들은 은을 화폐로 사용하였기 때문에 뱅크는 은을 거래하는 가게로 보

였던 거야.

은을 거래하는 가게를 연 사람은 서른한 살 영국 청년 토마스 서덜랜드였어. 그의 직업은 화물 운반사. 물건을 배에 싣고 영국과 홍콩을 오가는 일을 해 왔지. 어떤 물건이 홍콩으로 오고 어떤 물건이 영국으로 가는지, 물건 값은 얼마인지, 물건을 사고파는 데 어떤 어려움이 있는지 눈으로 확인하던 청년은 어느 날 크게 결심하고 하던 일을 그만두었어.

청년 토마스는 사업 계획서를 들고 홍콩에서 가장 돈을 잘 버는 아편 회사 사장을 만나 이야기를 나누었지. 야심만만해 보이는 청년의 패기 덕분인지, 아편 회사는 청년이 새롭게 문을 열 점포에 돈을 대기로 약속했어. 그리하여 홍콩상하이은행 본점이자 첫 영업점이 1865년 3월에 문을 열게 된 거야. 뭐 좀 그렇지만, 아편 팔아서 번 돈으로 시작한 은행 맞아.

영국 청년 토마스는 홍콩과 상하이를 오가는 돈을 모조리 쓸어 담겠다는 웅장한 뜻을 품고 나를 만들었지만, 한동안 나는 여기저기에 돈 빌려주는 일만 했어. 수출하고 수입하는 일을 전문적으로 하는 사람들, 그러니까 무역업에 종사하는 사람들이 나 홍콩상하이은행과 돈 거래를 했는데, 이들이 나한테 돈을 빌리는 과정은 이랬어.

청나라 비단을 영국에 수출한다고 치자고. 가장 먼저 할 일은 청나라 땅에서 비단을 사서 홍콩에 가져오는 일인데 이 일을 하는 사람이 수출업자야. 두 번째 할 일은 영국에다 물건을 팔 수입업자에게 비단을 넘기는 것이지.

첫 번째 과정은 청나라 땅에서 이루어지니까 나는 자세한 사정을 몰라. 수출업자가 비단을 외상으로 샀는지 은을 주고 샀는지 모른다는 말이야. 두 번째 과정에 내가 등장하는데 내가 하는 일은 수입업자를 대신해서 비단 값을 내는 거야. 나 홍콩상하이은행이 기부 천사여서 돈을 내주는 게 아니야. 수입업자가 영국에서 비단을 팔면 꼭 돈을 갚겠다고 약속했기 때문에 그 약속을 믿고, 순전히 믿음 하나로 돈을 빌려준 셈이지. 수입업자는 돈을 갚을 때 내가 대신 낸 비단값에 이자를 더해서 주거든. 나 홍콩상하이은행은 이렇게 돈을 버는 거야.

어때? 간단하지? 빌려줄 돈만 있으면 너도 은행을 만들 수 있겠다고? 맞아, 그럴 수 있지만 돈을 이리저리 굴리는 일은 그리 간단하지 않아. 무슨 일이 있어도 꼭, 그럼에도 불구하고 반드시, 은행 일을 하고 싶다면 조언을 해 줄게. 1865년부터 150년 넘게 금융업에 종사하는 베테랑 은행으로서 한마디 하면, 무엇보다 보는 눈이 있어야 해. 세계 시장에 대한 종합적이고 통합교과적이며 탐정 같은 눈이 있어야 돈을 빌려줄 사람과 아닌 사람을 가릴 수 있거든. 숫자를 보는 눈은 기본이지. 숫자를 꼼꼼히 살피면 돈이 움직여야 할 방향이 보이거든.

무엇보다 갖추어야 할 것은 속임수와 진심을 가리는 똑똑한 눈이야. 믿음이 샘솟는 얼굴이지만 돈을 언제 어떻게 갚을지 계획도 없이 큰 금액을 빌리려는 사람이 가끔 있어. 이런 사람의 특징은, 할 수 있다고 늘 주장하다가 안 되면 남의 탓을 하지. 거꾸로, 시장 분석 능력과 장사 실력이 있지만 자기를 포장하는 일에 서툰 사람이 있어. 이런 사람의 특징은, 할 수 있는 일과 없는 일을 정직하게 인정하지. 똑똑한 은행은 누구를 믿고 손을 내밀까?

빅토리아 항구 여왕의 길

열변을 토했더니 힘들다. 후텁지근한 날씨는 사람과 건물 모두 지치게 해. 홍콩 생활이 벌써 150년이니까 이제 적응할 만도 한데 끈적끈적한 바닷바람은 별로야. 홍콩 항구가 언제나 이런 날씨냐는 말이지? 겨울 석 달을 빼곤 늘 이렇지. 이건 그냥 넘어갈 수 없어서 하는 말인데, 여기 항구 이름은 홍콩 항구가 아니야. 홍콩 섬에 있는 항구니까 그렇게 불러도 괜찮겠지만 정확한 이름은 아니야.

한가한 바닷가를 큰 배가 드나드는 커다란 항구로 개발한 건 영국 사람들이었잖아. 홍콩을 영국 배가 자유롭게 드나드는 항구로 만든 다음에 영국 사람들은 섬에 있는 모든 것에 새로운 이름을 붙였어. 항구 이름은 '빅토리아 항구'가 되었고, 홍콩에서 가장 높은 언덕은 '빅토리아 피크'가 되었지. 빅토리아 알지? 어? 가수? 여신 아니냐고? 축구 선수? 다 맞아. 그런데 항구 이름에 있는 빅토리아는 영국 여왕 이름에서 따온 거야. 아편 전쟁 전부터 1901년까지 60년 넘게 여왕이었던 빅토리아의 이름을 홍콩 곳곳에 새긴 거야. 이제 여기는 영국 땅이라고 도장 쾅 찍었다고 할 수 있어.

참, 내가 있는 여기 말야. 네가 들고 다녔던 내 주소 아직 있지? 센트럴 퀸즈로드 1번지. 영어를 계속 들으니까 울렁거리는 거 같은데, 괜찮아? 어쩔 수 없어. 여기는 홍콩이잖아. 그래서 말인데, 퀸(Queen)은 여왕이고 로드(Road)는 길이야. 퀸즈로드는 여왕의 길. 센트럴은 중심이 되는 거리라는 뜻이니까, 여왕이 걸어야 어울린다고 생각해서 붙인 이름일까? 어쨌든 이 홍콩 상하이은행 본점은 센트럴 퀸즈로드 1번지에 있어.

영국의 전성기를 이끈 빅토리아 여왕(1819~1901)

여기는 센트럴이 아니라고? 지도를 계속 돌려 봐도 가운데가 아니라고? 정확한 지적이야. 여기는 중심은커녕 작은 섬 끄트머리에 살짝 걸쳐 있지. 그런데 내가 서 있는 여기를 왜 센트럴이라고 했을까?

모두 중국 때문이야. 홍콩 섬이 영국 땅일 때는 중국 대륙에서 무슨 일이 벌어지는지 살필 수 있는 자리가 여기여서 그랬어. 지금은 중국 대륙으로 가기에 참 좋은 위치여서 여기가 센트럴이야. 큰 땅덩어리, 엄청난 인구와 생산력, 찬란한 역사, 다채로운 문화 등등 중국의 매력은 한둘이 아니잖아. 이렇게 중국으로 가기 좋은 항구여서 영국이 홍콩에 눈독 들인 것이고 내가 홍콩에, 그것도 센트럴에 자리를 잡았다고 할 수 있어.

지구를 접은 수에즈 운하

몸에 착착 달라붙는 열기는 기후 탓만은 아니야. 홍콩 빌딩숲에서 내뿜는 열기가 상당하거든. 그런데도 후텁지근한 빌딩숲에 들어오고 싶은 회사가 줄을 선 상황이어서, 이곳 환경은 앞으로도 비슷할 것 같아. 홍콩에 회사 건물이 있다는 거, 특히 금융 회사가 홍콩에 있다는 건 잘나간다는 말이거든. 왜냐고? 여기는 홍콩이니까.

오늘날 중국 항구인 홍콩에서는 돈 되는 일이 정말 많아. 지금은 세계 공장 역할을 하면서 지구 사람들이 쓰는 모든 물건을 만드는 나라가 중국

센트럴에서는 중국 대륙이 아주 잘 보여.

이잖아. 그래서 홍콩 항구에는 물건을 싣고 세계 곳곳으로 가는 배들이 빼곡하지. 현실이 이러하니 항구에서는 돈이 돌고 돌아.

　남녀노소 모두의 관심사니까 자세하게 말하면, 홍콩에서는 수출업자와 수입업자만 돈을 버는 게 아니야. 물건을 싣고 내리는 기계를 빌려주는 회사도 돈을 벌고, 배를 타기 전까지 물건들을 보관하는 창고 주인도 돈을 벌고, 해운 회사와 선박 회사도 돈을 벌지. 이렇게 만들어지는 돈이 홍콩 부둣가에 줄지어 서 있는 은행으로 오는 거야.

　여기서 핵심은, 돈이 되는 모든 일이 홍콩 항구에서 이루어진다는 사실. 홍콩에 회사가 있으면 어떻게든 돈을 벌 수 있다는 말이지. 그런데 홍콩이 처음부터 명당은 아니었어. 수에즈 운하로 배가 다니기 시작하면서 홍콩은 빛나기 시작했어.

　운하 알지? 은하 아니고 운하. 쉬운 말로 물길인데, 배가 드나들 수 있

-----> 수에즈 운하 개통 전
-----> 수에즈 운하 개통 후

도록 땅을 끊어서 물을 연결한 곳이 운하야. 이게 어딨냐면…… 세계 지도에서 아프리카를 찾아볼래? 아프리카 북동쪽 끝에 이집트가 있는데 그 오른쪽, 아라비아 반도와 연결된 이집트 끄트머리에 도시 수에즈가 있어. 홍해와 닿아 있는 수에즈에서 북쪽으로 가면 지중해 바닷가에 도착할 수 있지. 수에즈에서부터 땅을 살짝 끊어서 홍해와 지중해가 서로 통하도록 물길을 만든 거야. 그 유명한 수에즈 운하로 배가 다니기 시작한 건 1869년이었어. 나 홍콩상하이은행 본점이 홍콩 항구에 들어선 지 4년이 되던 해였어.

나는 운을 타고난 것 같아. 수에즈 운하가 열린 다음에는 마치 세계 지도를 접은 것처럼 유럽과 아시아를 오가는 길이 짧아졌어. 당연히 홍콩과 유럽도 가까워졌지.

영국에서 홍콩에 오려면 보통 네다섯 달이 걸렸어. 영국 항구를 출발해서 유럽 남쪽까지 내려간 다음, 쭉쭉 더 가서 아프리카 남쪽으로 돌아야 겨우 인도양 바다에 들어섰어. 아라비아 반도와 인도 아래를 한참 항해한 뒤에야 홍콩에 도착했지. 말 그대로 모험에 가까운 항해였다고 할 수 있어. 그런데 수에즈 운하 덕분에 딱 6주 만에 홍콩에 올 수 있게 된 거야. 유럽에서 지중해를 지나 수에즈 운하를 통과하면 바로 홍해야. 홍해를 지나 인도양에 접어들었으니까 아프리카 대륙을 빙 돌지 않아도 되었지.

수에즈 운하 덕분에 유럽과 아시아는 엄청나게 가까워져서, 상품들이 아주 쉽게 두 대륙을 오가는 시절이 열렸어. 홍콩 항구에는 유럽에서 수출한 면직물·설탕·시멘트와, 청나라 비단·차·도자기 등이 나날이 쌓였어. 그 물건을 사고팔아서 돈을 벌고 싶은 사람들도 항구에 모였지. 사람들은 홍콩 바닷가에 사무실을 마련한 다음 회사 간판을 내걸었는데 대개는 무슨 양행과 상회, 그리고 은행이었어. 나 홍콩상하이은행이 홍콩 항구에서 오가는 돈을 주워 담는 수준으로 번 것도, 모두 수에즈 운하 덕분이지. 그러다가 드디어 여기, 센트럴 퀸즈로드 1번지에 홍콩상하이은행 본점 건물을 올리는 감격스런 날을 맞이한 거야.

맞아, 성공이야. 세 들어 있던 내가 건물 주인이 되었으니까 엄청난 성공이지. 이때가 1886년.

다시 중국 땅이 된 홍콩

홍콩이 역사에 등장한 이유는 영국과 중국, 그러니까 유럽과 아시아가 만난 땅이기 때문이야. 나는 영국 은행이니까 아주 긍정적인 단어인 '만남'이라고 표현했지만, 중국 입장에서는 약탈이자 치욕이었지. 만남의 결과 홍콩을 영국에 넘긴 중국에게는 자기 살을 떼어 주는 고통이 아니었을까 싶어. 끔찍하게 들리겠지만 정확한 표현이야. 그리고 홍콩을 떼 준 일은 시작에 불과했지.

몇 년 후에 홍콩과 마주 보는 주룽 반도까지 영국에 넘겨준 중국은 초라

한 모습으로 1800년대를 마감했고 할퀴고 상처를 입으면서 1900년대를 맞이했어. 나는 청나라 정부와 돈 거래를 할 때마다 상처가 덧나는 현장을 목격했지만 정확하게 주고받기만 했어. 청나라가 다른 나라에 줄 돈을 내가 빌려주는 일이 많았으니까 그들이 아픈 덕분에 내가 돈을 벌었다고 할 수 있지. 이건 어디까지나 비즈니스였어. 지금 나를 흘겨보는 거니? 너무 냉정하다고? 지구에서 벌어지는 일 대부분이 힘으로 결정되었다는 말로 답을 대신할게.

그런데 세상 모든 것은 변하는 것일까? 강산이 열 번 바뀌더니 내가 서 있는 자리가 바뀌었어. 입장을 바꿔 생각해야 하는 순간이 오고야 만 거야. 정말 올까 싶었던 그날, 홍콩이 중국 땅이 되는 1997년 7월 1일이 오고야 말았어. 아편 전쟁 직후 156년 동안, 홍콩의 주인 노릇을 하던 영국 정부는 이날 모든 깃발을 내렸어. 홍콩의 모든 관공서와 거리에는 붉은 바탕에 별이 네 개 그려진 중국 국기가 펄럭였지. 홍콩을 통치했던 영국인 총독은 눈시울을 붉히며 영국 배 브리태니아호를 타고 홍콩 섬을 떠났고. 홍콩이 영국 식민지 항구에서 중국 항구로 되돌아가는 역사적인 순간은 전세계 60개 나라에 생중계 되었어. 혹시 보셨는지 어른들께 여쭈어 봐.

내 기분 말이니? 뭘 그런 걸 묻니? 그날 내 기분은 공식적으로 노코멘트. 너한테만 살짝 말하면, 수만 가지 걱정을 하느라 잠도 못 잤어. 사실을 더 말하면, 나를 포함해서 센트럴에 있는 크고 높은 건물들은 1970년부터 날이면 날마다 우리의 앞날을 걱정했어. 나도 영국 은행이지만 홍콩에 있

는 큰 회사 대부분은 영국을 비롯한 유럽 사람이 시작한 기업이었거든. 출신이 이러하니 홍콩이 중국 땅이 되면 이사를 가야 하는지 고민할 수밖에 없는 처지였어, 우리는.

이런저런 계산을 하고 영국과 중국의 파워를 꼼꼼하게 비교한 다음 나는 새 단장을 하기로 결정되었지. 홍콩의 미래가 어떻게 되든 여기 이 땅에서 살겠다는 의지를 보여 주기로 한 거야.

영국 최고이면서 세계 최고의 건축가였던 노먼 포스터 경이 있거든. 건축의 신과 같은 존재여서 '경'이라는 존칭이 붙는 사람인데, 이분이 이 홍콩상하이은행 본점 건물의 설계와 건축을 맡았어. 지금 네가 보고 있는 나를 만든 사람이지. 1979년부터 건물을 짓기 시작해서 무려 7년 동안 공사를 한 끝에 지금의 내가 태어났어.

보다시피 철근으로 뼈대를 세웠는데 특별하게 뼈대가 겉으로 드러나 있어. 참 튼튼하고 파격적인 디자인이라고 할 수 있지. 그리고 나는 하이테크(high-tech) 건물의 대명사로 건축 교과서에도 소개되는 좀 유명한 건물이야. 사람이 다룰 수 있는 최첨단 기술을 하이테크라고 하는데 당시 최고의 기술을 모두 적용해서 나를 만들었다는 말이야. 정문이 따로 없으니까 밖으로 통하는 에스컬레이터를 타고 안으로 들어와 보면 확인할 수 있어. 참, 나는 은행이니까 '관계자 외 출입 금지'인 구역이 많은 거 알지? 네가 보는 모습이 전부가 아니라는 말이야. 하나 덧붙이면, 꽤 오랫동안 나는 세계에서 가장 비싼 건물이었어. 여러모로 대단하지 않니?

홍콩은 1997년 7월 1일부터 다시 중국 땅이 되었어. 앞으로도 영원히 중국 땅일 홍콩에 서 있는 지금, 이 자리에 만족해. 세상 모든 물건이 홍콩을 거치면서 이곳에 돈이 쌓이니까, 은행 입장에서는 이보다 좋은 자리는 없거든. 그래서 내 양옆은 모두 은행이고 골목 구석구석에는 세계 거의 모든 은행이 자리를 잡았지. 예전에도 그랬지만 지금도 홍콩은 국제 금융의 중심이야.

정말 운이 좋은 나는, 홍콩상하이은행이라는 이름 덕을 보고 있어. 중국으로 모든 물건과 돈이 몰리는 요즘, '홍콩'과 '상하이'라는 중국 무역 항구

1997년, 홍콩 반환식 장면

이름을 두 개나 담았으니 말이야. 모두 내 운인 걸 어떡하겠니? 참, 행운은 오랫동안 노력하고 준비한 결과가 기회를 만나서 완성되는 일인 것 알지? 150년 동안 공부하고 수많은 경험을 통해 실력을 다진 결과 중국 땅 홍콩에서 다시 기회를 잡은 홍콩상하이은행이라는 말이야.

중화인민공화국 홍콩특별행정구에 서 있는 나는, 돈이 드나드는 홍콩항구에 어떤 행운이 밀려오는지 오늘도 살피고 있어. 이런 나를 믿고 돈을 맡겨 볼래? 우람하고 빈틈없는 모습이 딱 봐도 믿음직스럽잖아.

미국 시애틀에 있는
클론다이크 골드러시 전시관이야.
3층짜리 빨간 벽돌 건물 1층에 자리하고 있지.
입장료는 공짜란다!

　전시관에 왔으면 나를 보고 가야지. 좋아, 좋아, 그렇게 후진해서 스탑. 반가워, 나는 금덩이라고 해. 여기 골드러시 전시관의 주인공이자 지킴이. 네 소개를 부탁해. 응, 그렇구나. 역시 그렇구나. 뛰는지 걷는지 헷갈리는 걸음걸이를 보고 네가 대한민국에서 온 걸 알았어. 전시관에서 몇 십 년 동안 여행자를 만나니까 이제는 걷는 모습만 봐도 어느 나라 사람인지 대충 알거든. 그런데 왜 불렀냐고? 얼굴 보고 얘기하면 정겹고 좋잖아.

　전시관 분위기가 별로니? 왜 그렇게 바쁘게 가? 내가 이 전시관의 주인공이니까 나를 만나지 않으면 전시관을 봤다고 할 수 없는데, 혹시 모르고 지나친 거야? 그건 아니구나, 그러면 여기가 골드러시 전시관이라는 건 알지? 골드가 금이잖아. 골드러시(gold rush)는 금을 찾아서 구름처럼 모여드는 일을 말하고.

151

어? 전시관에는 관심이 없다고? 과거보다는 미래에 관심이 많다고? 멋진 말 같으니까 적어 둘게. '과거보다는 미래'. 너처럼 멋진 말은 못하지만 사실 나도 미래에 관심이 많아. 언젠가는 넓은 세상으로 나가서 자유롭게 살고 싶은 꿈이 있거든. 이 전시관을 벗어나서 여기저기 돌아다니고 싶은 꿈이지. 그래서 전시관을 찾는 사람들하고 이야기하는 걸 좋아해. 얘기를 하다 보면 바깥세상이 어떤지 알 수 있고 이런저런 상상이 되니까 정말 신나. 꼭 나가야겠다는 마음도 다지게 되고 말이야.

미래에 관심이 많은 친구, 그래서 말인데, 미래에 관심이 많을수록 역사를 알아야 한다, 나는 이렇게 생각해. 어제 내가 한 일이 오늘 내 기분을 만들잖아. 숙제를 안 하고 자면 다음 날 아침이 참 괴롭지. 현재와 연결되지 않은 미래가 없고 과거에서 뚝 떨어진 현재도 없으니까. 미래가 궁금할수록 지난 역사를 살펴야 한다, 이렇게 생각해.

내 말에 고개를 끄덕여 줘서 고마워. 미래에 관심이 많은 친구라서 내가 있는 전시관에 금방 빠져들 거라고 생각했어. 하지만 이건 좀 충격인걸. 처음부터 내가 이런 네모난 모습이었냐는 질문이지?

금을 찾아가는 머나먼 여정

그건 아니야. 모래알이나 손톱처럼 작은 금이 모여 만들어졌으니 처음

내 모습은 금덩어리하고는 멀어도 한참 멀어. 바닷가나 강가에서 흔하게 보는 그 모래에 섞여 있는 금을 사금 또는 금모래라고도 하는데, 이것을 추려 모아서 나를 만들었어. 엄청나게 많은 금이 똘똘 뭉쳐 있으니까 나는 참 귀하고 비싼 물건이야. 그러니까 이렇게 유리 벽 안에 가두지 않았겠니. 모두가 탐을 내는 금덩이고, 누가 만져서 닳기라도 하면 가치가 내려가니까 철통 경호를 하는 것이지.

나는 지금 미국 시애틀에 있지만, 나를 만든 사금들이 묻힌 곳은 여기가 아니었어. 시애틀은 금을 찾아 떠나는 사람들이 모이는 곳이었어. 말하자면 터미널 같은 항구였어. 금모래가 송송이 박힌 땅은 캐나다에 있었지.

로키 산맥이라고 들어 봤니? 캐나다와 미국의 서쪽을 세로로 길게 가르면서 쭉 뻗은 거대한 산맥 있잖아. 이 로키 산맥에서 흘러나온 물이 강이 되어 아메리카 대륙 북서쪽 끝에 있는 알래스카 땅을 적시고 북극을 감싸

모래에서 금을 채취하는 모습

는 바다 베링 해로 빠져나가는데 바로 유콘 강이야. 유콘 강이 적시는 캐나다 서북쪽 끄트머리에 금이 송송 박혀 있었던 것이지.

유콘 강 주변의 거대한 땅은 '클론다이크'라고 불러. '도슨'과 '화이트호스'같은 도시가 있는 북극권 지역인데, 이곳이 금천지였어. 땅바닥에도 금, 산 중턱에도 금, 강가 모래밭에도 금이 있으니까 이곳에만 가면 지구 최고의 부자가 될 수 있다고 믿었대. 그런데 미국 사람들이 여기로 가려면 시애틀에서 배를 타야 했지. 왜 시애틀이냐고? 시애틀은 미국 서북쪽 끝에 있는 항구잖아. 캐나다 바로 아래 시애틀이 있으니까 금을 찾아 캐나다로 가고 싶은 사람들은 일단 시애틀에 도착해야 했어.

베링 해

캐나다 클론다이크 지역에서 금이 처음 발견된 건 1896년이었대. 흙을 파면 금이 나오고 금모래 반짝이는 강물이 흐른다는 소식이 강을 따라 돌았을까? 금이 널린 땅이 있다는 이야기는 빠르게 번졌고, 금을 캐서 부자가 되고 싶은 사람들이 시애틀에 모였지. 사람들이 가장 먼저 한 일은 태평양 항해하기.

금을 찾는 대장정에 나선 이들은 땅 사이로 태평양 바닷물이 들어오는 도시인 스캐그웨이까지 배를 타고 간 다음, 거친 길을 만났어. 오늘날 알레스카와 캐나다 국경 지역인 가파른 산길인데 여기서는 말도, 사람도 걷다가 쓰러질 만큼 지쳤대. 쓰러졌다 일어선 사람들은 저 멀리 강 같은 호수가 보이면 힘을 내서 더 걸었대. 그러고는 물 앞에서 짐을 풀고 앉아서 배를 만들었다지. 왜냐고? 배가 있어야 저 앞에 있는 강을 건널 수 있으니

까. 그렇게 만든 배를 타고 800킬로미터쯤 거슬러 오르면 드디어 시작이었대. 어디가 길인지 알 수 없는 꽁꽁 언 산길을 걸어야 했는데 이 구간이 아찔했거든. 등에 진 짐이 사람을 뒤로 잡아당기듯 가파른 지역이어서 도끼로 얼음을 찍으면서 가야 했대. 그럼에도 뒤로 가기는 마찬가지였다지.

얼굴을 들 수도 없는 칼바람을 맞으면서 깡통 음식과 옷가지를 잔뜩 챙긴 일을 후회할 때쯤, 얼음 벌판 위에서 픽픽 쓰러져 죽은 말들의 시체 더미가 악몽처럼 아른거렸고 삶이 결정되었어. 숨이 끊어지거나 숨이 붙어 있는 어느 때에 클론다이크 금광 지대를 만난 거야.

살아 있는 채로 금 천지인 세상을 만난 사람들은 워낙 꿈같은 길을 지나온 터라 눈앞의 금도 혹시 꿈은 아닐까 의심하면서 털썩 주저앉았대. 꿈이어도 괜찮다고 생각하면서 금 더미 땅에 주저앉은 것이지. 금을 찾아 떠난 사람들은 이렇게 클론다이크 금광 지대에 도착해서 금을 쓸어 담았대. 이미 죽을 고비를 넘긴 사람들이어서 크든 작든, 많든 적든 묵묵히 금을 캐고 담았다지.

목숨을 걸고 금을 찾아가는 행렬은 딱 3년 동안 이어졌어. 시애틀에서 클론다이크까지 머나먼 여정에 나선 숫자는 10만 명쯤. 이들 중 누구는 부자가 되었고 누구는 죽었으며 3만 명쯤은 이곳에 눌러앉았다지.

한눈을 팔 수 없게 만드는 흥미진진한 설명이어서 100년 전 클론다이크를 직접 눈으로 본 것 같지 않니? 여기가 박물관 같은 전시관이잖아. 골드러시에 관한 모든 것이 여기에 모여 있으니까 가만히 있어도 공부가 저절로 돼. 하루에도 몇 번씩 1896년으로 다녀오니까 이제는 누가 내 앞에만 서도 클론다이크 가는 길이 줄줄 나올 정도지. 골드러시에 대해 더 궁금한 거 없지? 그래, 그거야. 금을 찾을 수만 있다면 북극의 칼바람도 마다않고 사람들이 몰려가는 일이 골드러시야. 그럼 금을 캔 사람들의 미래는 어떻게 되었냐는 말이지? 정말 너다운 질문이구나.

꿈을 이룬 사람들

전시관 저쪽에 사람들 와글거리는 사진 보이니? 배가 시애틀 항구에 닻을 내렸고 배를 빙 둘러싸고 사람들이 있잖아. 사람이 모두 몇 명쯤으로 보이니? 미래에 관심 많은 친구답게 하나하나 세어 보겠다는 거지? 잠깐만, 어림잡아 5000명쯤이래. 그런데, 이 사람들이 항구에서 뭐하는 것 같아? 배가 들어오지 못하게 막고 있다고? 시위를 한다는 말인데, 그건 아니야. 배에 탄 사람을 마중 나왔다? 이건 반은 맞고 반은 틀렸어. 마중보다는 구경을 위해서 온 사람들이거든.

금을 캔 사람들의 미래가 저 사진이야. 죽을 각오를 하고 클론다이크에 가서 손가락이 부르트도록 금을 캔 사람들이잖아. 이들은 원하는 만큼 금을 모은 다음에 왔던 길을 거꾸로 갔어. 험한 얼음길을 걸었고 배를 만들어 강을 건넜으며 거친 산길을 걷다가 태평양 바닷가에 도착했지. 무거운

꿈을 이룬 사람들을 보러 이렇게나 많이 모였어.

금을 진 채 험난한 여정을 마친 이들은 바닷가에 도착해서 사진 속에 있는 저 배를 탄 거야. 목적지가 시애틀 항구인 저 배에는 2톤쯤 되는 금이 실렸지. 전화나 인터넷은 없었지만, 금을 캐서 부자가 된 사람들 소식은 실시간으로 미국 땅 곳곳에 쫙 퍼졌어. 금 부자들이 시애틀에 도착하는 정확한 날짜까지 소문이 난 거래. 저 사진에 담긴 이야기는 대충 이래.

이상하다고? 그렇지, 너도 갸우뚱하는구나. 금 부자를 보기 위해 몰린 사람들을 이해하는 데 나도 몇 년이 걸렸으니까 정말 이상한 장면 맞아. 금 부자들이 항구에 모인 사람들에게 금모래를 뿌리는 것도 아닐 텐데 왜 모였을까? 그땐 텔레비전도 없으니 뉴스에 내 얼굴이 나오는 것도 아닌데 왜 모였을까? 금 부자 중에 엄청나게 잘생긴 사람이 있었나? 이렇게 저렇게 생각해도 답을 찾을 수가 없었지.

항구에 모인 5000명의 마음을 헤아리기 시작한 지 2년쯤 된 어느 날이었어. 내 몸 안에 있는 사금 하나가 튕겨 나갈 정도로 정신이 번쩍 들면서 항구에 모인 5000명의 꿈에 내 마음이 닿았어. 부자가 되어 꿈을 이룬 사

람들을 보기 위해서 항구에 모였겠구나, 항구에 모인 5000명은 꿈을 이룬 사람을 보며 내 꿈을 키우고 싶은 이들이겠구나, 이런 생각에 이르니까 머릿속이 맑아지고 눈이 환해지더라.

그래, 그거야. 금을 캐서 돌아온 사람들을 보면서 내 미래와 꿈을 다지는 거야. 그래, 그거야. 사진 속 5000명은 시애틀 항구에 오면 꿈은 이루어진다는 생각을 하면서 집으로 돌아가지 않았을까 싶어. 미래에 관심 많은 친구답게 꿈이라는 말에 눈을 번쩍 뜨는구나. 맞아, 항구에 모인 사람들과 모든 미국 사람들에게 금은 성공이고 꿈이며 미래였던 거야. 아메리카에서 꿈을 이루어 주는 금. 사람들은 시애틀 항구에서 부자가 되는 꿈을 꾸고 성공하겠다는 의지를 다지면서 아메리칸 드림(American dream)을 가꾸었던 것이지.

내 꿈은 어떻게 되었냐고? 아직도 품고 있지. 아무 일 없이 전시관에 앉아 있는 것 같지만 사실 나는 날마다 꿈을 이루기 위해 노력해. 미래에 관심이 많은 친구와 이야기를 하는 것도 다 꿈을 이루기 위해서라고 할 수 있지. 나는 언젠가 바깥세상으로 나갈 텐데 세상을 잘 모르잖아. 그래서 전시관을 찾는 사람들과 이야기를 하면서 세상 공부를 하는 거야. 너른 세상에 나갔을 때 당황하지 않도록 차근차근 준비하는 것이지.

시애틀 추장의 긴 당부

꿈 이야기가 나와서 말인데 시애틀은 꿈같은 땅이었어. 사람이 땅의 일부라고 생각했으며 산과 계곡, 강과 하늘, 들짐승과 날짐승 모두에게 영혼이 깃들어 있다고 여기는 이들이 여기에 살았거든. 바로 아메리카 인디언이야. 미래에 관심 많은 친구도 인디언 잘 알지? 그래, 머리에 새 깃털을 꽂고 얼굴과 몸에 그림을 그리는 사람들 맞아.

사람이 아메리카 대륙에 살기 시작한 때부터니까 인디언이 이 땅에 산 지는 2만 년쯤 되었어. 인디언 무리 가운데 대륙 서쪽에 자리를 잡고 사는 부족이 있었어. 1850년쯤에는 시애틀 추장이 이 부족을 대표하였는데, 이들에게 땅을 내놓으라고 협박하는 이방인들이 있었대. 인디언들에게는 어이가 없는 일이었어. 땅은 사람의 것이 아니라고 생각하는 인디언에게 땅을 달라고 요구를 했으니 말이야. 이런 일을 벌인 건 얼굴이 하얀 사람들이었어. 맞아, 백인. 유럽 땅에서 살다가 배를 타고 대서양을 건너서 아메리카 대륙에 도착한 사람들이 미국이라는 나라를 세우더니 인디언들에게 땅을 팔라고 요구한 거야.

왜 그랬냐고? 그야, 인디언들이 사는 땅에서 자기들도 살고 싶어서 그랬어. 북아메리카 대륙 동쪽에서는 백인들이 이미 똑같은 방법으로 협박

해서 땅을 샀거든. 아주 싸게 땅을 산 다음 원래 살던 인디언들을 쫓아냈기 때문에 서쪽에서도 똑같이 땅을 내놓으라고 협박한 거야.

시애틀 추장과 인디언들은 참 당황스러웠대. 땅은 누구의 것도 아니니까 그냥 같이 살면 되는데 총을 들이밀면서 팔라고 하니까 무슨 말을 어떻게 해야 좋은지 알 수 없었대. 이 땅은 내 땅이 아니고 숲속 동물들도 내 것이 아니라고 거듭 말했지만, 백인들은 그게 무슨 뜻인지 몰라서 계속 총을 겨누었다지. 인디언들은 땅에 총탄이 박히고 나무가 쓰러지고 강물에 벌건 피가 흐르면 어떡하나 걱정하였대.

그래서 시애틀 추장은 백인들에게 긴 당부의 말을 전한 다음 부족 사람들과 함께 이 땅을 떠났다지. 우리는 여기를 떠나니 이제 너희들이 형제와 부모를 대하듯 땅과 물과 하늘을 대하면서 여기에 살아라, 이런 당부. 땅값이 얼마였냐고? 그게 말야, 공짜. 그래서 백인들은 인디언들에게 고마움을 느꼈고, 그 마음을 표현할 방법이 달리 없어서 그 땅에 시애틀이라는 이름을 붙였대. 땅과 하늘, 산과 바다를 사랑하라고 당부한 인디언 추장의 이름을 미국 도시 이름으로 삼은 거야.

유럽에서 온 백인들에게 큰 가르침을 준 시애틀 추장은 지금도 시애틀 한복판에 서서 미국 사람들과 시애틀에 온 여행자들을 살피고 있어. 혹시 만났니? 아직이구나. 전시관을 나가서 파이오니어 광장 쪽으로 걸어가. 광장 한복판에 계시거든. 추장의 맑고 또렷한 눈망울을 보고 있으면 정신이 번쩍 들면서 지금 네가 할 일이 생각날지도 몰라.

 **시애틀 추장이 남긴 말**

언젠가 내 아버지가 내게 이렇게 말씀하신 적이 있다.
나는 나무들 몸속에 흐르는 수액을 내 혈관을 흐르는 피처럼 잘 알고 있노라고.
우리는 이 땅의 일부이고 이 땅은 우리의 일부라고.
대지 위에 피어나는 꽃들은 우리의 누이들이라고.
곰과 사슴과 독수리는 우리의 형제라고.

(…) 어린애가 엄마의 뛰는 가슴을 사랑하듯 우리는 땅을 사랑한다.
이제 우리가 당신들에게 우리 땅을 주니 우리가 보살폈듯 애써 보살펴라.
이제 당신들이 이 땅을 가진다고 하니 지금 이대로 이 땅의 모습을 지켜 가라.
당신의 아이들을 위해 땅과 대기와 강물을 보살피고 간직하라.
우리가 사랑했듯 똑같은 마음으로 그것들을 사랑하라.

《시애틀 추장》, 한마당, 2013

미움 받은 아시아 사람들

인디언이 떠난 시애틀에는 백인만 남았는데 이 땅의 주인이 된 백인들은 숲속 나무를 베어 파는 일을 하면서 삶을 이어 갔어. 시애틀 추장과 인디언들은 미국 사람들에게 삶의 터전과 일거리를 준 것이지. 인디언이 준 도시 시애틀에서 기회를 얻은 건 백인만이 아니었어. 태평양을 건너서 미국에 온 인도와 중국 사람들도 시애틀에서 새로운 인생을 시작했어.

그 이야기의 시작은 미국 동쪽과 서쪽을 횡단하는 철길이 만들어지는 1840년 무렵으로 거슬러 가. 나도 정말 궁금한데, 미국 땅이 정말 넓다면서? 그 땅의 동서를 가르는 철길이니까 어마어마한 공사가 시작되었고 일할 사람이 많이 필요했대. 되는 대로 사람을 모았지만 결국 일꾼이 부족하여 인도와 중국에서도 사람을 데려왔다지. 이 시절에 철길을 만들러 온 아시아 사람들을 '쿨리'라고 불러.

1869년에 기찻길이 완성되었어. 이루어질 것 같지 않은 일이 드디어 끝나서 다들 환호했지만 일자리를 잃은 쿨리들은 한숨을 쉬었대. 미국에 온 이유가 없어졌으니까 자기 나라로 가야 했지. 그런데 유럽 사람들이 아시아를 흔드는 시절이어서 중국과 인도의 사정이 안 좋았거든. 고된 삶이 기다리는 고향으로 가기 싫은 쿨리의 숫자가 10만 명이나 되었지.

미국에서 살아남겠다고 굳게 다짐한 쿨리 한 무리가 북쪽을 향해 터덜터덜 걷다가 시애틀에 스며들었어. 시애틀에 도착한 쿨리들은 궂은일도

마다 않고 삶을 이어 갔는데 운이 없게도 1880년쯤에 시애틀 사람들은 형편이 좋지 않았대. 힘든 삶을 쿨리 탓으로 돌리는 어리석은 사람들이 시애틀에 있었다지. 자꾸 가난해지니까 잘못한 것도 없는 쿨리가 내 일과 내 돈을 가져갔다고 생각한 거야.

어이없지? 나도 기가 막혀서 한숨이 푹푹 나오지만 정말 있었던 일인 걸 어떡하니. 쿨리를 원망하던 시애틀 사람들이 쿨리를 때렸고 쿨리가 모인 곳에 불을 질렀어. 이렇게 해도 분이 풀리지 않자 쿨리를 추방하지 않는 나라에 항의하는 표시로 시애틀 중심가를 통째로 불살랐지. 1889년 6월, 사람이 죽고 건물이 무너지면서 시애틀이 통째로 잿더미로 변했어.

응, 정말 때렸어. 그래, 진짜로 불을 질렀어. 여기 전시관에서 시애틀의 역사를 소개하는 사람이 쿨리와 화재 이야기를 할 때 나도 너무 놀라서 귀를 의심했잖아. 아무리 화가 나도 불이라니, 믿을 수 없었지. 그런데 1889년에 시애틀 사람들은 정말로 그랬어. 나중에 들은 이야긴데 1871년에 로스앤젤레스에서도 중국인을 죽이고 때리는 폭동이 있었대. 그러니 미국에서 백인들이 아시아 사람들을 경쟁자로 여기고 혐오한 역사는 좀 오래된 일이지.

큰불이 난 다음에 시애틀 시는 생명에 위협을 느끼는 쿨리들을 한곳에 모여 살게 했는데 그게 중국인 마을, 차이나타운의 시작이었어. 그리고 벽돌과 강철로 새로운 집과 건물을 지어서 새로운 시애틀을 만들었는데, 새로운 도시는 불에 탄 도시 위에 세워졌대. 미국이 꿈을 품고 찾아온 사람 모두를 보듬지 못했던 시절의 이야기야.

꿈이 이루어지는 도시, 시애틀

미래에 관심 많은 친구는 미국 하면 뭐가 생각나니?

영어? 미국 사람들은 영어를 쓰고 영어는 세계 공용어니까 당연한 일이야. 디즈니랜드? 꿈의 놀이터 디즈니랜드는 미국보다 유명하지. 야구? 미국에서 처음 시작한 운동으로 알려져 있으니까, 야구가 미국을 대표하는 것도 당연한 일이야.

야구 얘기가 나와서 말인데 미국에서 꿈을 이룬 야구 선수들이 있잖아. 시애틀이랑 로스앤젤레스를 징검다리 삼아서 아메리칸 드림을 이룬 아시아 선수들 말야.

여기 사람들이 가장 많이 이야기하는 선수는 박찬호와 스즈키 이치로야. 중국과 한국, 일본이 있는 동북아시아에서 비행기를 타고 태평양 위를 10시간 남짓 날면, 시애틀이나 로스앤젤레스 같은 미국 서쪽 바닷가 도시에 도착하잖아. 그러니까 미국 땅은 태평양을 사이에 두고 동북아시아와 마주하고 있지. 아시아 사람들에게 이 도시들은 미국으로 가는 입구 같았을까? 한국에서 온 박찬호 선수는 로스앤젤레스에서, 일본에서 온 이치로 선수는 시애틀에서 미국 프로 야구 선수인 메이저리거가 된 다음 아메리칸 드림을 이루었어.

아메리칸 드림 알지? 미국에서 열심히 노력하면 돈과 명예를 얻을 수 있다, 뭐 그런 뜻을 품은 말이지. 태어난 지역과 다닌 학교, 얼굴색과 생김

새, 부모의 경제력에 상관없이 실력으로 승부할 수 있다는 뜻이니까 공정한 경쟁을 보장하는 말이기도 하고. 야구 변두리 지역인 아시아에서 온 박찬호와 이치로는 조건 없이 경쟁하고 끊임없이 도전하여 아메리칸 드림을 이룬 거야.

시애틀이 아메리칸 드림을 꿈꾸는 동북아시아 사람들에게 입구 같은 도시라면, 미국 사람들에게는 출구 같은 도시야. 시애틀에서 시작해서 세계 곳곳으로 문어발처럼 뻗어 나간 기업들이 참 많거든.

지구 사람 누구나 아는 컴퓨터 운영 체계를 만드는 회사, 마이크로소프트(MS)가 시애틀에서 처음 시작했어. 세계에서 가장 큰 인터넷 가게인 아마존의 본사도 시애틀에 있지. 지구에서 가장 유명한 커피 가게인 스타벅스는 시애틀 재래시장에서 문을 처음 열었고, 비행기 회사 보잉은 시애틀 공장에서 비행기를 만들기 시작했어. 시애틀에서 시작한 이 회사들은 지금 미국을 훌쩍 넘어 세계 곳곳에서 회사를 운영하고 있지. 이런 걸 다국적 기업이라고 부른다더군. 내가 전시관을 탈출해서 너른 세상으로 나가면, 시애틀에서 함께 성장한 다국적 기업 덕분에 적응이 쉽지 않을까 기대하고 있어.

시애틀에 인터넷 속도가 엄청나냐고? 와, 신선한 질문이지만 그건 아니래. 클론다이크 골드러시 전시관을 찾는 한국 사람들이 그러는데 시애틀이 한국보다 인터넷 속도가 느리대. 그러니까 컴퓨터 회사와 인터넷 가게가 시애틀에 있는 이유는 속도 때문이 아니라는 말씀. 시애틀에서 시작해

서 세계로 팔과 다리를 뻗은 다국적 기업이 많은 이유는, 태평양 덕분인 것 같아. 지구에서 가장 넓은 바다 태평양을 가만히 보고 있으면 바다 너머에 있는 세상이 막 궁금해지고 세상은 넓고 갈 곳은 참 많구나, 이런 생각을 하게 되거든.

전시관에 앉아 있는 내가 이런데 찰랑이는 태평양을 아침저녁으로 보는 사람들은 더 그러지 않을까 싶어. 바다 건너 저쪽과 통할 수 있는 방법을 궁리하다가 지구인 모두를 반하게 할 아이디어를 떠올리지 않았을까 싶은 거야. 이건 그냥 느낌인데, 다음은 내 차례 같아. 여기는 누군가의 꿈을 이루어주는 항구 시애틀이잖아.

떠나자, 시애틀에서

　태평양은 시애틀 사람들에게 꿈도 주고 물건도 주지. 미래에 관심 많은 친구도 배가 줄지어 늘어선 시애틀 부두 봤어? 배가 닿을 수 있는 부두와, 사람과 물건이 배에 오르내릴 수 있는 항만을 합치면 시애틀 항구 크기는 어마어마해. 바닷가를 따라서 무려 81킬로미터나 펼쳐져 있지. 크기 자랑하려고 항구를 크게 만든 건 아니야. 땅이 남아서 항만 시설을 넓힌 것도 아니고. 항구가 이렇게 큰 이유는, 모두 태평양 때문이야.

　태평양을 사이에 두고 아시아와 아메리카 대륙이 마주 보고 있기 때문에 널따란 항구가 필요한 것이지. 아시아에서 만든 물건이 지구 사람들의 생활 곳곳에 스며든 시절이잖아. 그 물건들이 태평양을 건너는 배에 실려서 아메리카로도 오거든. 태평양 물이 찰랑이는 미국과 캐나다의 서쪽 항구에는, 아시아에서 만든 물건을 싣고 들어오는 배가 한가득이라는 말이지.

　워낙 크고 넓어서 한산해 보이지만 시애틀 항구는 언제나 붐벼. 물건도 많지만 사람도 정말 많기 때문이지. 시애틀은 미국에서 가장 큰 여객선 항구거든. 여행하는 사람을 태우고 다니는 배를 여객선이라 하고, 사고팔 물건을 싣고 다니는 배를 상선이라고 하잖아. 시애틀 항구에는 아시아에서 출발한 상선도 많지만 북극 알래스카로 떠나는 여객선이 조금 더 많지.

　지구 북극점과 가까운 땅이어서, 자기장이 만드는 신비로운 광경인 오로라를 보고 싶은 사람들, 북극 빙하와 연어 떼를 만나고 싶은 사람들, 석유와 연어와 금은을 팔아서 돈을 벌고 싶은 사람들이 알래스카로 오지. 미국 땅 알래스카로 가려면 일단 시애틀 항구에서 배를 타야 해. 이곳 너른 항만 시설은 그래서 만들어진 거야. 이곳에 오고 싶고 이곳에서 떠나고 싶은 사람이 많아서 만들어진 곳이 널찍한 시애틀 항구라는 말이야.

맞아, 알래스카와 시애틀은 서로 도움을 주고받는 공생 관계라고 할 수 있어. 미래에 관심이 많은 친구와 내 관계도 그렇다 할 수 있지. 친구는 나에게 세상 이야기를 들려주고 나는 친구에게 시애틀 항구 이야기를 들려주니까. 내 덕분에 시애틀이 흥미진진해졌지? 나도 친구 덕분에 태평양 건너편이 더 궁금해졌어, 고마워.

부자가 되겠다는 꿈을 안고 온 미국인, 일거리를 구해 살아남겠다는 꿈을 안고 온 쿨리들, 세계 최고의 야구 선수가 되겠다는 꿈을 안고 온 아시아인, 시애틀 항구는 이 사람들의 꿈을 받았잖아. 사실, 이들의 꿈에는 큼직한 불안과 묵직한 걱정이 얽혀 있었어. 당연한 일이었지. 낯선 땅을 밟은 거잖아. 산과 강, 물과 흙, 사람과 공기 모두 낯선 곳에 도착했으니 얼마나 떨렸겠어.

　그런데 말이야, 어느 날부터 이들은 가뿐했어. 태평양 바람이 불안을 쓸어 갔을까? 큰 파도가 걱정을 집어삼켰을까? 여러 생각을 했는데, 결론은 시애틀 항구였어. 태평양이 찰랑이는 시애틀 항구. 꿈은 커지고 걱정과 불안은 작아지는 항구의 마법이었지. 그래서 하는 말인데, 멋진 미래를 만들고 싶지? 자, 항구에 가서 바다 앞에 서자!

참고한 자료

1장

네빈 아주 샤인 외, 《레바논》, 김종명 옮김, 창해, 2000
제카리아 시친, 《수메르, 혹은 신들의 고향》, 이근행 옮김, 이른아침, 2009
데틀레프 블룸, 《고양이 문화사》, 두행숙 옮김, 들녘, 2008
애덤 하트 데이비스, 《히스토리》, 윤은주 외 옮김, 북하우스, 2009
J.M.로버츠, 《히스토리카 세계사1》, 조윤정 옮김, 이끌리오, 2007

2장

만프레드 클라우스, 《알렉산드리아》, 생각의나무, 2004
루치아노 칸포라, 《사라진 도서관: 알렉산드리아 도서관의 수수께끼》, 김효정 옮김, 열린책들, 2007
알랭 카롱 외, 《알렉산드리아》, 김호영 옮김, 창해, 2000
피에르 브리앙, 《알렉산더 대왕》, 홍혜리나 옮김, 시공사, 1995

3장

에드워드 기번, 《로마제국 쇠망사 5》, 송은주 외 옮김, 민음사, 2009
데이비드 아불라피아, 《위대한 바다: 지중해 2만 년의 문명사》, 이순호 옮김, 책과함께, 2013
백상현, 《이탈리아 소도시 여행》, 시공사, 2011
니콜라스 A. 바스베스인, 《종이의 역사》, 정지현 옮김, 21세기북스, 2014
이언 아몬드, 《십자가 초승달 동맹》, 최파일 옮김, 미지북스, 2010

4장

비자이 프라샤드, 《갈색의 세계사》, 박소현 옮김, 뿌리와이파리, 2015
주강현, 《적도의 침묵》, 김영사, 2008
마크 애롤슨 외, 《설탕, 세계를 바꾸다》, 설태환 옮김, 우리교육, 2013
한잉신·뤼팡, 《단숨에 읽는 해적의 역사》, 김정자 옮김, 베이직북스, 2008
랜달 사사키, 《해저 보물선에 숨겨진 놀라운 세계사》, 홍성민 옮김, 공명, 2014

5장

류스핑, 《HSBC 금융제국》, 권민서 옮김, W미디어, 2008
존 M. 홉슨, 《서구 문명은 동양에서 시작되었다》, 정경옥 옮김, 에코리브르, 2005
주정미, 《저스트고 홍콩 마카오》, 시공사, 2017
호승, 《아편전쟁에서 5.4운동까지》, 박종일 옮김, 인간사람, 2013
노블 포스터 혹슨, 《은행, 그 욕망의 역사》, 송장은 옮김, 수린재, 2010

6장

수잔 제퍼스, 《시애틀 추장》, 최권행 옮김, 한마당, 2013
안효상, 《미국사 편지》, 책과함께어린이, 2015
'유콘, 노다지의 땅', 〈클릭! 세계 속으로〉, KBS, 2012
앨런 브링클리, 《있는 그대로의 미국사 2》, 황혜성 외 옮김, 휴머니스트, 2005

사진 자료

셔터스톡
위키피디아

세계사가 출렁이는 여기는 항구

1판 1쇄 발행일 | 2018년 11월 17일

글 | 조성은
그림 | 윤정미

펴낸이 | 류종필
편집 | 장이린
디자인 | su:
마케팅 | 김연일, 김유리

펴낸곳 | (주)도서출판 책과함께
주소 | 서울시 마포구 동교로 70 소와소빌딩 2층
전화 | 02-335-1982
팩스 | 02-335-1316
전자우편 | prpub@hanmail.net
블로그 | blog.naver.com/prpub
등록 | 2003년 4월 3일 제25100-2003-392호

ISBN 979-11-88990-13-9 73900

* 이 책의 저작권은 지은이 조성은과 그린이 윤정미 그리고 도서출판 책과함께에 있습니다.
* 책의 내용을 이용하려면 저작권자와 출판사에게 모두 서면동의를 받아야 합니다.
* 잘못된 책은 구입하신 서점에서 바꾸어 드립니다.

이 도서의 국립중앙도서관 출판시도서목록(CIP)은 서지정보유통지원시스템 홈페이지(http://seoji.nl.go.kr)와 국가자료공동목록시스템(http://www.nl.go.kr/kolisnet)에서 이용하실 수 있습니다.(CIP제어번호 : 2018033379)